東京学芸大学准教授 中村和弘 編著

「単元のまとまり」で描く
国語授業づくり

東洋館出版社

INTRODUCTION

新学習指導要領をもとに、子供の側から授業改善を考える

　学習指導案を書くときに、「単元名」や「単元の目標」「単元の指導計画」等を書きます。では、私たちがいつも使っている、この「単元」とは何でしょうか。

　平成29年版の学習指導要領（以下、「新学習指導要領」という）には、「育成を目指す資質・能力」「言葉による見方・考え方」「主体的・対話的で深い学び」「カリキュラム・マネジメント」など、さまざまなキーワードがあります。

　それらに比べると、「単元のまとまり」というフレーズは、地味な印象を受けます。目新しい感じもしません。これまでも学習指導案を書くたびに、「単元」という用語を使ってきたからかもしれません。

　しかし、本文でも引用していますが、新学習指導要領では、「指導計画の作成と内容の取扱い」のトップに、次のようにあります。

---

(1) <u>単元など内容や時間のまとまりを見通して</u>、その中で育む資質・能力の育成に向けて、児童の主体的・対話的で深い学びの実現を図るようにすること。その際、言葉による見方・考え方を働かせ、言語活動を通して、言葉の特徴や使い方などを理解し自分の思いや考えを深める学習の充実を図ること。

（「小学校学習指導要領」第2章第1節国語より引用、下線は筆者）

　最初の部分に、「単元など内容や時間のまとまりを見通して」と示されているのです。実は、「単元のまとまり」を意識することは、新学習指導要領に沿った授業をつくる上で、とても大切な視点であることが分かります。

　あらためて、「単元」ということを、私たちはどう考えてきたでしょうか。

　学習指導案であれほど「単元」という言葉を用いていながら、一方で「単元」ということを意識して、国語の授業が構想されることはあまりないように思います。それだけ、「単元」という言葉自体は、空気のように当たり前のものになっているのかもしれません。

　ただ、ひとたび「単元」ということを意識すると、実は、授業を「子供の学びの質」というところから考えていく必要があることに気付かされます。そして、子供の側から単元の指導計画を考えることによって、授業の進め方や時数の設定を、もっと私たちが意識的にコントロールしなければならないことに気付かされます。

　本書は、学習する子供の側に立ち、学びの質を高めるために、「単元のまとまり」をどう描いて国語の授業をつくるのかについてまとめたものです。2020年度からの新学習指導要領の全面実施に伴う授業改善のヒントとして、ご活用いただければ幸いです。

執筆者を代表して　中村　和弘

目次

第1章

新学習指導要領と「単元のまとまり」

新学習指導要領で求められる国語授業の姿	008
Ⅰ　国語科で育成を目指す資質・能力	008
Ⅱ　「知識及び技能」「思考力、判断力、表現力等」	008
Ⅲ　「学びに向かう力、人間性等」	010
Ⅳ　言葉による見方・考え方	011
Ⅴ　主体的・対話的で深い学び	012

「単元など内容や時間のまとまり」を見通す	014
Ⅰ　学習指導要領に書かれていること	014
Ⅱ　単元名が教材名ではない理由	014
Ⅲ　「単元など内容や時間のまとまり」で描く授業	015
Ⅳ　子供にとっての学びのまとまり	016
Ⅴ　子供自身が「まとまり作業」に参加できる授業デザイン	017

第2章

「単元のまとまり」と時数コントロール

子供の側に立って授業を考えるということ	020
Ⅰ　「学びのまとまり」で時数を見直す	020
Ⅱ　「資質・能力」基盤と時数の関係	021
Ⅲ　「時数ありき」発想からの転換	022
Ⅳ　学びの「引き出し」を増やす	023

子供の学びと時数コントロール	025
Ⅰ　カリキュラム・マネジメントの充実と時数の関係	025
Ⅱ　子供の実態から時数をコントロールする	026
Ⅲ　子供を待てる教師になる	028
Ⅳ　学習の自己調整	030
Ⅴ　学びをコントロールする	031

子供の成長を見通した授業の工夫	033
Ⅰ　国語は小学校が8割	033
Ⅱ　概念的知識の「引き出し」を増やす	034
Ⅲ　「部分の目」と「俯瞰の目」	035
Ⅳ　発達の段階を捉える	037
Ⅴ　「単元のまとまり」で描く授業づくりの観点	039

「単元のまとまり」で授業を描くことのよさ	042

第3章
「単元のまとまり」で描く
授業モデル

2年生「たんぽぽのちえ」を10時間→7時間へ	044
2年生「スーホの白い馬」を12時間→9時間へ	054
3年生「ことわざについて調べよう」を14時間→11時間へ	066
4年生「ごんぎつね」を14時間→11時間へ	077
6年生「学級討論会をしよう」を8時間→6時間へ	091
6年生「『鳥獣戯画』を読む」を6時間→5時間へ	100

※第3章の授業モデルを提案するに当たっては、光村図書出版株式会社の平成27年度版小学校国語教科書及び学習指導書を参考にした。

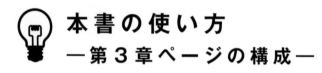

本書の使い方
―第3章ページの構成―

Before／After チャートページ

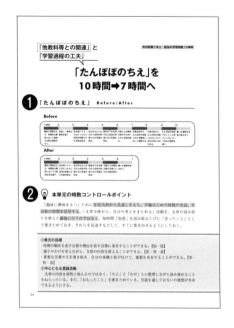

❶ Before／After チャート

「資質・能力」基盤で授業をつくるということは、「活動ありき」「教材ありき」の授業から「身に付けさせたい力ありき」で子供の実態に即した授業への転換を意味する。(第1章参照)。本チャートでは、よく見られる展開例や時間配分例 (Before) から、資質・能力の育成に焦点化させた展開例や時間配分例 (After) への時間構成の違いが視覚的に理解できるようグラフ化した。

❷本単元の時数コントロールポイント

「単元のまとまり」で描く授業のためには4つの観点が存在する（第2章参照）。それらのうち、とりわけどの観点を意識したか、本単元のポイントを紹介する。

単元計画ページ

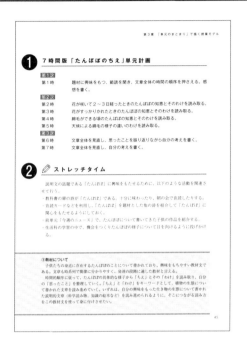

❶単元計画

After 版の単元計画について、毎時間の学習を概要として押さえる。

❷ストレッチタイム

効率的で意図のある時間配分で授業を進めるためには、その単元に入る前に、事前に学びの準備をさせておくことが重要である。たとえば、「たんぽぽのちえ」という教材にいきなり入るのではなく、「たんぽぽ」の詩を朝の会で音読するなどして、その教材にまつわる活動を行い、あらかじめ子供たちの興味や関心を喚起しておくことで、学習に入りやすくなる。ここではそんな、当該の単元に入る前の「ストレッチ」として行っておきたい活動などを提案する。

本時ページ

❶本時の時数コントロールポイント

　時数をコントロールする際の具体的な工夫のポイントや、留意点を本時レベルで示す。前時までに学んだことなどを踏まえながら、つながりのある学習にするよう心がけて構成されていることに着目してほしい。また、下のMinutesチャートの電球マークと対応している。

❷これでスムーズ！　Minutesチャート

　左欄では本時の活動とその時間配分を分刻みで詳細に示す。また、とりわけその時間配分で展開するための工夫などを中心に、活動のポイントを右欄に対応させて示している。

❸ AND MORE...

　各事例の最終ページには、①本単元において重視した子供の見取りのポイントについて記述するとともに、②今後の学習に生かす視点について示した。つまり、「資質・能力」を基盤に授業をデザインし時数をコントロールした結果、余白として生まれた時数や、子供に身に付いた力を、今後どのような学習に落とし込んで発展させていくかという提案である。

> 新学習指導要領の
> 理念をもとに
> 「単元のまとまり」
> という発想をもつ

1

新学習指導要領と「単元のまとまり」

小学校においては来年度から新学習指導要領が全面実施となる。「育成を目指す資質・能力」の考え方を整理するとともに、これからの国語授業の在り方について考えていきたい。とりわけ、新学習指導要領の「第3　指導計画の作成と内容の取扱い」で新たに示された「単元など内容や時間のまとまり」ということが、どのような学びを意味しているか深掘りしていくことにする。

新学習指導要領で求められる国語授業の姿

I　国語科で育成を目指す資質・能力

　2017年3月に新学習指導要領が告示され、小学校においては2020年度から全面実施となります。今改訂では、中央教育審議会「幼稚園、小学校、中学校、高等学校及び特別支援学校の学習指導要領等の改善及び必要な方策等について（答申）」（以下、「答申」）において各教科等の学習において育成を目指す資質・能力を、

　　・「知識及び技能」の習得
　　・「思考力、判断力、表現力等」の育成
　　・「学びに向かう力、人間性等」の涵養

という三つの柱で整理し、新学習指導要領では目標及び内容も、この「知識及び技能」「思考力、判断力、表現力等」「学びに向かう力、人間性等」の三つの柱で再整理されています。
　小学校国語科の目標は、下記のとおりです。

> 　言葉による見方・考え方を働かせ、言語活動を通して、国語で正確に理解し適切に表現する資質・能力を次のとおり育成することを目指す。
> 　(1)日常生活に必要な国語について、その特質を理解し適切に使うことができるようにする。
> 　(2)日常生活における人との関わりの中で伝え合う力を高め、思考力や想像力を養う。
> 　(3)言葉がもつよさを認識するとともに、言語感覚を養い、国語の大切さを自覚し、国語を尊重してその能力の向上を図る態度を養う。

それぞれについて考えていきましょう。

II　「知識及び技能」「思考力、判断力、表現力等」

　国語科の内容は、〔知識及び技能〕及び〔思考力、判断力、表現力等〕から構成されて

います。文字どおり、〔知識及び技能〕として示されている指導事項が、国語科において習得を目指す「知識及び技能」の資質・能力になります。同様に、〔思考力、判断力、表現力等〕として示されている「話すこと・聞くこと」「書くこと」「読むこと」の各指導事項が、国語科で育成する「思考力、判断力、表現力等」になります。「学びに向かう力、人間性等」の内容については、教科及び学年等の目標においてまとめて示すこととし、指導事項のように内容において示すことはしていません。

　さて、最初に確認しておきたいことは、これからの国語科の授業は、この「知識及び技能」「思考力、判断力、表現力等」「学びに向かう力、人間性等」という資質・能力の三つの柱を関連させながら育てるということを、常に意識するということです。

　これまで、国語科の授業における中核は「話す・聞く、書く、読む」という領域であって、「知識及び技能」の内容はやや軽く扱われたり、領域の学習とは別の小単元でまとめて扱われたりするというイメージがありました。

　これからの授業では「知識及び技能」を使って、話したり書いたり読んだりという「思考力、判断力、表現力等」を育成することになります。言うなれば「知識及び技能」は燃料のようなものです。それらを用いて、「話す・聞く、書く、読む」という「思考力、判断力、表現力等」のエンジンを動かしていくというイメージでしょう。「学びに向かう力、人間性等」がそれらを下支えします。どの「知識及び技能」を元手に、それらをどう使って、話し方を工夫したり書き方を考えていったりすればよいか。そうしたことを子供たち自身が試行錯誤しながら、言語活動に取り組んでいく必要があるということです。

　国語科の指導事項は、前に見たように、〔知識及び技能〕と〔思考力、判断力、表現力等〕の二つから構成されました。その際、「知識及び技能」だけをドリル学習などで練習的に学んでも、それが実際に読んだり書いたりする「思考力、判断力、表現力等」の学びに活用されなければ、国語科のこの内容構成は意味が薄くなってしまいます。国語科の授業では、「知識及び技能」を活用しながら、話したり聞いたり、読んだり書いたりという「思考力、判断力、表現力等」を育成していくわけですから、学習中の子供の姿としては、やはりその両方を関連させながら学んでいるというのが、一つの理想の姿として描くことができるでしょう。

　たとえば、「書くこと」の授業であれば、ただ作文を書けばいいということではなく、何を考えながら、どのような工夫をしながら書ければいいのかということが求められます。もし、「構成」に関する事項が主なねらいの単元であれば、指導事項の文末が「構成を考えること」とあるように、文章の構成を自分でいろいろ考えて、書けるようになっていくことが必要です。そして、「考える」には、考えるための元手が必要となります。

　「順序」という知識を使い、事柄の順序を中心に構成を考えるのか。あるいは、「自分の考えとそれを支える理由や事例」という知識を使い、意見と理由を軸に構成を考えるの

か。一口に「構成を考える」といっても、考えるには燃料となる「知識及び技能」が必要ということになります。

　このように、これからの国語科の授業では、「知識及び技能」を活用し、「思考力、判断力、表現力等」としての「話すこと・聞くこと」「書くこと」「読むこと」をさまざまに工夫にしながら、学習に取り組めるようにしていくことがポイントです。

Ⅲ　「学びに向かう力、人間性等」

　「学びに向かう力、人間性等」にはさまざまな捉え方があると思いますが、こちらも何でも「学びに向かって」いればいいというわけではなく、やはり、その単元に即した「学びに向かう力、人間性等」があるはずです。

　たとえば、「読むこと」の単元であれば、当然その「読む」ということに関わって、意欲的に学習に向かう力となります。そのためには、「この物語をどう読んでいこうか」「この説明文の筆者の工夫を考えるには、どうしたらいいだろうか」などのことを、子供たち自身が考えられるような元手となるものと、そして、考えたくなるエネルギーがなければ学びに向かいようがありません。

　そうすると、やはり「知識及び技能」「思考力、判断力、表現力等」といった資質・能力の積み重ねや、学び方のつながりということが非常に重要になってきます。いわば、学びの「引き出し」があるからこそ、

　「昔、よく吹き出しを書きながら物語を読んだよね、今度もそうやって登場人物の気持ちを考えてみたらどうかな」

　「でも、この物語は気持ちがはっきり書いてないみたいだよ」

　「だったら、前に習った『情景』みたいなものに気を付けて、みんなで読んでいったらどうだろう」

　などというように、子供自身が目的をもって学び方を工夫し、試行錯誤しながら学習に向かおうとすることができます。こうした学びに取り組む姿勢が、「学びに向かう力、人間性等」に関わるのだと思います。

　こうした工夫なくして、子供たちに「学べ、学べ」と叱咤激励しても、もしそれで学ぼうとしてくれたとしても、効果は薄いのではないでしょうか。やはり、「知識及び技能」「思考力、判断力、表現力等」「学びに向かう力、人間性等」という資質・能力の三つの柱は、三位一体として連動しているということです。それぞれを単独で育てるというわけにはいきません。

第1章　新学習指導要領と「単元のまとまり」

Ⅳ　言葉による見方・考え方

　「知識及び技能」を活用しながら、子供が「ああでもない、こうでもない」と読み方や書き方を工夫したり考えたりして言語活動に取り組んでいくとき、その学習は、「言葉による見方・考え方」を働かせるものにもなっていることが多いと思います。なぜなら、「知識及び技能」を活用して読み方や書き方を工夫するには、「言葉」あるいは「言葉の使い方」について、子供たちが意識的に考えざるを得ないからです。

　たとえば、

　「6場面で、どうしてごんは『こっそり』中に入ったのだろう」

　「『こっそり』って、どんな様子なのかな。どんなときに使うのかな」

　「そのときのごんは、どんな気持ちが入り交じっていたのだろう」

などのように、「こっそり」という「言葉」を意識して、その場面のごんの気持ちを具体的に想像し合うという学習を展開したとします。子供たちは「言葉」や「言葉の使われ方」に目を向け、そこから、文章を深く解釈しようとします。こうした状態が、「言葉による見方・考え方」を働かせながら読んでいるということになると思います。そして、このとき、「こっそり」という語句をめぐる「知識及び技能」と、「こっそり」を手がかりにごんの気持ちを想像するという「思考力、判断力、表現力等」とが、関連しながら学習が深まっていっていると言えます。

　つまり、「『言葉による見方・考え方』を働かせる」ということを、表立って意識し過ぎなくても、「知識及び技能」と「思考力、判断力、表現力等」をうまく連動させながら学習を進めようとすることで、基本的には「言葉による見方・考え方」を働かせる授業になるはずなのです。

　教科の目標に「言葉による見方・考え方を働かせ、言語活動を通して、国語で正確に理解し適切に表現する資質・能力を次のとおり育成することを目指す」とあるように、国語科としての「資質・能力」を育む授業というのは、別の言い方をすれば、「言葉による見方・考え方」を働かせながら子供が学ぶ授業のことです。

　逆の方向から言えば、子供たちが「言葉による見方・考え方」を働かせながら学び合う授業をつくろうとすれば、「言葉に関するどのような『知識及び技能』を使いながら、話したり聞いたり書いたり読んだりすればよいのか」ということを、教師である私たちは常に考えなければなりません。「資質・能力」を育成することと「見方・考え方」を働かせることは、同じコインを表から見るか裏から見るかの違いだけだと思うのです。

　このことは、「学びに向かう力、人間性等」においても同様です。「ごんぎつね」を読む単元で、「新美南吉は他にどんなお話を書いているかな」「きつねの出てくる他のお話と比

11

べてみたらどうかな」といった方向の関心であればよいわけですが、極端に言えば「きつ
ねのぬいぐるみを作りたいな」といった方向に向かってしまえば、それは、国語科における
「学びに向かう力、人間性等」には当然なりません。「言葉による見方・考え方」を働
かせて取り組むことができないからです。

　「言葉による見方・考え方」には、その活動が国語科の学習として成立しているかどう
かを見るための、いわば「リトマス紙」のような役割もあるように思います。

V　主体的・対話的で深い学び

1　授業改善＝手段／「主体的・対話的で深い学び」＝視点

　ここまで見てきたとおり、国語科における学習の目標や目的は、「言葉による見方・考
え方」を働かせながら、「資質・能力」を育成することであると言えます。

　ですから、「主体的・対話的で深い学び」の視点からの授業改善は、手段であって目的
ではありません。あくまでも、資質・能力を育成するためのプロセスをどう工夫するかと
いう、授業づくりの視点になります。ここをきちんと整理しておかないと、「主体的・対
話的で深い学び」のある授業をつくることが目的化してしまい、そもそも何の力を付ける
ためにそうした授業の工夫をしているのかという、最も肝心な目標のところが抜け落ちて
しまいます。

　何の力を付けるか、すなわち、どのような資質・能力を育むのかという肝心なところが
抜け落ちた授業では、どんなに子供たちが主体的に、あるいは対話的に学習活動に取り組
んだとしても、力は身に付いていないという状態を引き起こしてしまいます。なぜなら、
活動の工夫が、どのような資質・能力を育てるかということとしっかり結び付いていない
からです。見た目では、子供たちが活発に学んでいますから、余計にその本質の部分が抜
け落ちていることに、授業者も参観をしている先生方も気付かないということが意外にあ
るのではないでしょうか。

　また、もう一つ注意すべき点は、「主体的・対話的で深い学び」は授業改善の「視点」
であって、「方法」ではないという点です。言うまでもなく、授業の方法や指導の工夫の
仕方は、実にさまざまです。そして、同じ教え方をしたからといって、どの学級の子供た
ちも、同じように主体的に学んだり対話的に学んだりするようになるかというと、そうは
うまくはいきません。教材や子供の実態、教師の経験年数などによって、こちらの学級で
は子供たちが生き生きと主体的に学んでいるのに、こちらの学級ではなぜかそうはならな
い、そうしたことはいくらでも起こり得ます。

　教え方に唯一の「正解」はない、ということが言われます。「主体的・対話的で深い学
び」という授業改善の「視点」を共有しながら、「では、どうしたら私のクラスの子供た

第1章　新学習指導要領と「単元のまとまり」

ちがそのような学びができるようになるだろうか」と、若い先生もベテランの先生も同じ方向を向いて、さまざまな指導の方法を試み、考え合い確かめ合っていくことが、最も大切なことかもしれません。

　こうした指導方法の改善や工夫は、これまでも全国の教室で先生方が行ってきた営みだと思います。それを新学習指導要領の視点からあらためて見直し、多くの先生方で共有していくことが求められています。

　たとえば、一例として、次のような手順で授業を構想していくことができます。

　授業を組み立てる際、まずはどんな力を身に付けさせたいのかという「資質・能力」を設定します。次に、「言語活動の工夫」ということがあります。活動を通して、〔知識及び技能〕と〔思考力、判断力、表現力等〕（話すこと・聞くこと、書くこと、読むこと）のそれぞれの事項が、効果的に身に付くよう工夫して設定する必要があります。また、「言葉による見方・考え方」を働かせながら取り組むことができるかという点も、重要なポイントです。

　ここまで授業の構想が進んだところで、「主体的・対話的で深い学び」の出番です。

　「学級の子供たちが『勉強したい』『やってみたい』と思ってくれるように計画を考えたけれど、本当にそうなっているかな？」という視点で、あらためて見直してみます。それは、「主体的な学び」という視点から、授業プランを見直しているということになります。

　「グループで話し合う活動をたくさん取り入れたけれど、でも、なんだか横方向に学びが広がるばかりで、話し合いの質としては深まっていかないかもしれない。もう少し手立てを工夫しないといけないかもしれないな」となれば、これは「対話的で深い学び」の視点から、見直しを図っているということになるでしょう。

2　子どもの側から見直す

　つまり、「主体的・対話的で深い学び」の視点は、教師がつくった授業のデザインを、「子供の側から見直すチェックリスト」として機能させていったらどうかということです。

　「教師目線でつくり、子供目線で見直す」。これまでの授業づくりでも、この往復を大切にしてきたはずです。新学習指導要領の考え方を生かしながら、あらためてこうした取組を前に進めていきたいと思います。新学習指導要領では、小学校・中学校・高等学校と、校種を通じて「主体的・対話的で深い学び」の視点からの授業改善の実現ということが位置付けられています。そのことからも、事の重大さがうかがわれます。

　単元をつくるときも同じです。指導計画を立てたけれど、子供の目線から見たらどうなのかなと、子供の側から見直してみること。繰り返しになりますが、その見直しに当たって「主体的・対話的で深い学び」という視点は、実に私たちを子供の側に立たせてくれます。そのことは、本時レベルでも単元レベルでも同じであると言えるでしょう。

13

「単元など内容や時間のまとまり」を見通す

I 学習指導要領に書かれていること

　新学習指導要領の「第3　指導計画の作成と内容の取扱い」では、今回新たに次の事項に配慮するものとされました（下記は第2章第1節国語より引用）。

> (1)単元など内容や時間のまとまりを見通して、その中で育む資質・能力の育成に向けて、児童の主体的・対話的で深い学びの実現を図るようにすること。その際、言葉による見方・考え方を働かせ、言語活動を通して、言葉の特徴や使い方などを理解し自分の思いや考えを深める学習の充実を図ること。

　ここで示されている「単元など内容や時間のまとまり」とは、どのようなものでしょうか。また、それらを「見通して」とは、具体的にどうすることでしょうか。
　次に、これらについて考えていきたいと思います。

II 単元名が教材名ではない理由

　「単元など内容や時間のまとまりを見通す」というフレーズで用いられる、「内容」という部分に着目してみましょう。ここでいう「内容」とは何でしょうか。
　たとえば、「読むこと」の授業で、「ごんぎつね」を教材に学習を進めるとします。
　「ごんぎつね」は教材として授業の中で扱われ、子供たちに読まれていくものですから、「内容」と位置付けることはできるかもしれません。ただし、国語科の内容がイコール教材となってしまうと、国語科は「ごんぎつね」を学ぶことや、「ごんぎつね」という物語を深く理解することになってしまいます。
　前にも触れましたように、学習指導要領に位置付けられている国語科の「内容」は、〔知識及び技能〕と〔思考力、判断力、表現力等〕に示されているそれぞれの指導事項と、言語活動例が該当します。ですから、国語科の単元は、どのような言語活動を通して、どのような資質・能力を身に付けるかという点から、学習のまとまりが検討されることになります。国語科の単元名が、「ごんぎつね」という教材の名前ではなく、「登場人物の気持

第1章 新学習指導要領と「単元のまとまり」

ちの変化を考えながら読もう」や「ごんぎつねの続き話を考えながら読んでみよう」など
のように、どのような資質・能力を育成するのか、あるいはどのような言語活動を中心に
取り組むのかという視点からネーミングされるのも、そうした理由があるからです。

Ⅲ 「単元など内容や時間のまとまり」で描く授業

　単元は、どのような言語活動を通して、どのような資質・能力を育成するかという視点
から、内容や時間のまとまりを考えます。

　ですから、「登場人物の気持ちの変化を具体的に想像することができる」という読む力
を高めようとした場合、

　　A案：「ごんぎつね」という一つの作品を、じっくり読みながら進める
　　B案：他の南吉作品に出てくる人物と比較させながら、ごんの気持ちに迫っていく
　　C案：続き話を考えるという学習のゴールをもたせながら、場面ごとの読みを深めてい
　　　　　く

など、さまざまな学習の進め方を考えることができます。また、学習の進め方によって、
14時間の指導計画もあれば、11時間での指導計画も可能になります。

　このような単元の在り方は、よく「登山」に例えられます。「頂上」すなわち育成を目
指す資質・能力は同じでも、「登山ルート」すなわち学習の方法や進め方はさまざまにあ
るということです。どの道をどのくらいの時間をかけて登っていくかは、極端なことを言
えば、子供の数だけ違いがあるということになるでしょう。

　もちろん、現実的には、子供一人一人にルートや時間を設定してあげることはできませ
ん。ただし、考え方としては、「『ごんぎつね』を読みながらこの力を高めていくには、う
ちのクラスだったら、どのくらいの時間をかけてどのような学習の進め方で指導計画を考
えようか」という発想で、単元の構想は練られていきます。

　このように「単元」という考え方を大切にすると、どのような教材を扱うか、どのよう
な言語活動を設定するか、何時間くらいかけて取り組むかなどを、子供の実態から学習の
進め方をさまざまに考えることができます。

　もちろん、目の前には教科書教材があり、単元ごとに何時間で進めましょう、という各
教科書会社で配当授業時数の設定もされています。それらを、無視して何でも自由にとい
うことではありません。ただ、いつもそのとおりにやらなければならないということでは
なく、子供たちが目指す資質・能力を身に付けるには、子供の実態をよく見ながら、

15

・どのように活動を進めたらよいか

・どのように教材を活用したらよいか

・どのように時間を使ったらよいか

などのことを考えて、指導計画などを工夫したいと思います。子供のことを一番よく分かっている私たちが、内容や時間のまとまりを工夫してつくっていきましょう、ということです。

それが、この本のタイトルでもある「単元のまとまりで描く授業」をつくっていくということに他なりません。

Ⅳ　子供にとっての学びのまとまり

先ほど、「登山」を引き合いに出しました。登頂する山頂を定め（育成を目指す資質・能力を明確にし）、どのルートからどのくらいの時間をかけて登っていくか（内容や時間のまとまりを工夫する）が、単元をつくっていくということでした。

このときも重要になってくるのは、登山者、すなわち学習に取り組む子供たちのことです。「この山頂を目指すには、この時期はこのルートをこのくらいの時間で登っていくのが最適だ」、そう思って単元の指導計画を考えても、登っていく子供たち自身がそのルート設定や時間設定をどう思うか、どう感じるかということを、見落とすわけにはいきません。当たり前と言えば当たり前なのですが、登るのは子供たちです。子供たちが「山頂を目指したい」「登ってみたい」と思ってくれることが望ましいのですが、かといって、「登ったらご褒美をあげるね」「登らなかったら宿題を増やすぞ」などと賞罰を目の前にかざして登らせようとする先生はいらっしゃらないでしょう。

いずれにしても、やはりこれも前に述べたことと重なりますが、内容や時間などの単元のまとまりを工夫して授業をつくっていく場合、その「まとまり」は、教師目線と子供目線の二つの方向から検討される必要があります。

たとえば、このようなことです。

教材にはある種の連続性というものがあります。「ごんぎつね」であれば、当然、1場面から6場面までが一つのまとまりとしてあるわけですから、まず「ごんぎつね」を少し読んで、別のお話を読んで、また「ごんぎつね」に戻って……というわけにはいきません。そんなことをしていては、話のつながりが分からなくなってしまいます。

子供の側から見ても、「これを学んで、あれを学んで、またこれを学んで、……」と対象や内容が次々と示されると、学習のつながりが把握できなくなってしまいます。子供目

第1章　新学習指導要領と「単元のまとまり」

線から見たときに、学習しようとしている「対象のまとまり」を感じられたり、課題や活動がひとまとまりにつながっていることを理解したりすることに、意味があるのだと思います。

　よく行われる活動に「並行読書」があります。たとえば、「『ごんぎつね』を読む」という言語活動が単元の中心に位置付いており、その上で、新美南吉の別の物語だったりきつねの出てくる物語だったりを読んで比べるという言語活動が並行して位置付いている場合です。このときに大切なのは、それらの複数の教材や活動がひとまとまりの単元であるという捉え方を、子供自身ができるようにしていかなければならないということです。
　こうした単元はうまく進めないと、「ごんぎつね」は「ごんぎつね」で読み、なんだか知らないけれど、突然先生が別の本を読む活動を設定してそちらを読むことになり、また、いつのまにか「ごんぎつね」を読む活動に戻ってきて、「さあ、二つのお話を比べてみましょう」と言われても、子供からしてみれば、「聞いてないよ」という話になってしまいます。やはり、子供にとっての学びのまとまりということが大切になってくるのです。

Ⅴ　子供自身が「まとまり作業」に参加できる授業デザイン

　総じて言えることは、子供の目から見直すということです。
　教師の側に「まとまり感」があったとしても、子供にとって、学習の内容や活動が「一つのまとまり」としてあるかどうかを、考えなければなりません。
　子供たちにとって、教材が学習に用いる材料、すなわち「学習材」としてひとまとまりになっていれば、「じゃあ、先生、いま二つの教材を読んでいたけれど、もう一つ別のものを読んでみたらどうかな」とか「前に読んだきつねの話も比べたらどうかな」など、子供自身がそのまとまりの中身を充足しようと動き出せると思います。
　もちろん、最初は教師が学習の「まとまり」をつくるのですが、それが子供にとって自然なものであればあるほど、子供自身がまとまりをつくりだそうとする動きを見せるのではないでしょうか。そうすることで、次第にその単元は効果的に展開しだすと思います。
　子供自身が単元の「まとまり作業」に参加しようとなっていくことで、単元全体を見通すことや振り返ることも、より自然にできるようになるでしょう。

時数を柔軟に
伸び縮みさせ
４つの観点で
授業をつくる

2

「単元のまとまり」と
時数コントロール

「資質・能力」基盤だからこそ、教師が子供の目線から
授業の在り方を見直す必要性を述べてきた。これは授業
の「時数」への教師の意識を転換させる発想でもある。
これからは「三歩進んで二歩下がる」のではなく、四、
五、六歩…と進んでいけるような学びの蓄積ができる授
業を行いたい。第２章では、「資質・能力」と時数の関
係と、「単元のまとまり」で描く国語授業づくりのため
に重要な四つの観点を整理していく。

子供の側に立って授業を考えるということ

I　「学びのまとまり」で時数を見直す

　子供の視点から単元という学びのまとまりを考えていくと、各教科書会社などで示されている配当授業時数についても、柔軟な考え方ができるのではないでしょうか。一つの単元について「こんなに時間をかけなくても、この子たちならもう少しコンパクトな時間でできるかも」とか「少し難しそうだから、もう1・2時間増やして扱ったほうがいいかな」などのように、示されている単元の配当授業時数を参考にしながら、子供の実態に合わせて、伸び縮みをさせることが可能になると思います。

　教師目線でまずは単元の組み立てをつくっておいて、それを子供目線で見直して、時間を伸ばしたり縮めたりするなど、さまざまな工夫ができるのではないかということです。

　前の章で触れたように、「主体的・対話的で深い学び」の視点からの授業改善は、それが本時であっても単元であっても、子供目線から見直すことが大原則でした。

　この単元のまとまりを描くということも同じです。指導計画を「（教師側の）教えること」のまとまりや「教材」のまとまりだけではなく、子供目線から見直し、学習者側の「学びのまとまり」という意識で見直してみてはどうでしょうか。そうすれば、国語の学習は、今日学んで「はい、おしまい」、明日学んで「はい、おしまい」というぶつ切りになるはずはなく、「次の時間はこうしたいな」「単元の最後はこういうふうにやっていきたいな」と、子供にとっての意欲や計画が生まれてくると思います。今日の学びが、次の展開や学習へとつながっていくのです。

　もちろん、前にも触れたように、そのようなことは最初からすぐにできるものではありません。やはり年度当初は、相当の部分を教師のリードで進めながら、途中のある1時間や2時間のところだけ、「どうしていきたい？」「どうやって進めていこうか？」と子供に問いかけていくようにしてはどうでしょうか。そうした段階から始めて、徐々に相談の幅を広げていって、前に習ったことを生かせるように発展させていければ、指導者としての教師も学び手としての子供も、授業を通して共に成長していくことができるのではないかと思います。

Ⅱ 「資質・能力」基盤と時数の関係

　さて、これまでのことを一言で言えば、単元のまとまりを教師側の一方向だけでつくらない、ということに集約されます。

　「『ごんぎつね』を扱うから何時間かかる」と教材文の長さで単元の授業時数を決めていては、当然、教材がこのくらいの分量だから時間もこれくらい必要と、教師の側から単元のまとまりをつくることになります。「資質・能力」基盤という考え方に立てば、「『ごんぎつね』を何時間でやるか」どうかは、教材の長さだけではとても決められないのです。

　主として問われるべきことは、その教材を通して「どういう資質・能力を身に付けるか」ということです。「ごんぎつね」という教材のサイズがこれくらいだから、単元は〇時間かかる。あるいは、別の教材は「ごんぎつね」よりも長さが半分くらいだから、時間も半分くらいで十分だ。このような話には、ならないと思います。

　そう考えると、「資質・能力」基盤だからこそ、単元ごとの授業時数も育成を目指す資質・能力に応じて、柔軟に伸ばしたり縮めたりすればいいのです。目の前の子供たちがその力を身に付けるのにどのくらいの時間が必要かという、子供の側からの発想です。教材だけがその授業の時数を決めるわけではありません。「資質・能力」基盤だからこそ、こうした考え方を強くもってもよいのではないでしょうか。これまでのように教材の内容を重視しすぎると、その教材しだいで時間が強力に規定されてしまいます。

　もちろん、いつでもこのような時数のコントロールを行うことは、難しいかもしれません。理想を言えば、同じ「ごんぎつね」を使って同じ「資質・能力」を身に付けるにしても、やはり受けもっている子供たちの実態に応じて、「プラス1時間」「マイナス1時間」という時数の伸び縮みは当然あってしかるべきだと思います。

　また、教師の側でも似たようなことが言えます。ある程度の限られた時間でも子供に力を身に付けさせられるベテランの先生もいれば、同じように教えていくにはどうしても多めの時間が必要になる先生も、当然います。同じ教師といっても、やはりさまざまです。もちろん前者のような教師を目指していくわけですが、こればかりは経験年数なども関係してきますから、いきなり初任のうちからできることではありません。ただ忘れてはならないのは、示された配当授業時数どおりに授業を進めることに縛られてしまうことで、肝心な子供の学びが置きざりにされてしまうかもしれないということです。

　どこかで1時間伸びたところは、どこかの単元で1時間短くすれば、年間の帳尻は合わせることができます。たとえば、「読むこと」の単元で1時間増やした場合、「書くこと」や「話すこと・聞くこと」の単元で、題材を子供の身近なものにしたり、他教科等で学習している内容をもってきたりすることで、題材そのものを集める時間を圧縮することができます。前にも触れましたが、話題や題材の収集が単元のねらいでない場合は、そのよう

なことが可能です。結果として、示されている配当授業時数よりも少なくても済むわけですから、1時間増やした分を回収することになります。

　もちろん、各単元の授業時数は年間指導計画として年度当初に立てられています。学期が始まってから、その都度むやみやたらに変更してしまうと、年間のトータルとしての授業時数がいい加減になってしまい、それでは当然困ったことになります。

　しかし、「何が分かるようになるか」「何ができるようになるか」を重視する「資質・能力」基盤の授業をつくるためには、子供たちに着実に力を付けることができるよう、実態に応じて、教師の方で意図的にそして効果的に時数をコントロールすることが大切です。その点をしっかり確認しておきたいと思います。

　単元のまとまりを描く上で、教材の長さや配当授業時数ということは、第一優先事項には来ないということです。

Ⅲ　「時数ありき」発想からの転換

　さて、授業時数ということに当たっては、文部科学省によって毎年出されている調査結果があります。「平成30年度公立小・中学校等における教育課程の編成・実施状況調査の結果及び平成31年度以降の教育課程の編成・実施について」（平成31年3月29日）では、以下のことが分かりました。

> 　平成29年度の実績において、多くの公立小・中学校等で標準授業時数を超えて授業を実施していることが明らかになった（年間総授業時数の全国平均値は、小学校第5学年で1040.2単位時間（平成29年度の標準授業時数：980単位時間）、中学校第1学年で1061.3単位時間（平成29年度の標準授業時数：1015単位時間）となっている。）。

　どこの学校であっても、台風の影響やインフルエンザなどで休校になることが見込まれますので、授業時数を多めに設定しているということはあると思います。これだけを見ると、学校全体として設定している時数はむしろ多いわけですが、その一方で、小学校の先生方からは、「この教材を読むには時数が少なすぎる」「もう少し時数があれば、いろいろとやれるのだけれど」などの声を耳にしています。

　また、学習指導要領の改訂に向けた「答申」を見ても、「指導内容や授業時数を削減するという選択肢を採ることは適当ではない」ということになっています。指導内容は増やすことはできても、たとえば週当たりの授業時数を増やすのには、当然限界があります。現実問題として、今後、時数や授業の進め方の問題は、現場の先生方にとってさらに重要な課題となり得ることが想像できます。

　くり返しになりますが、「育成を目指す資質・能力」を基盤とするということは、その

単元を通して、どういう「知識及び技能」「思考力、判断力、表現力等」「学びに向かう力、人間性等」を身に付けるのかが目標となります。また、国語科は2学年ごとに指導事項が示され、らせん的・反復的に扱うことになっています。その単元で扱う事項が初めてのものなのか、それとも前の学年でも扱ったことなのかなどの点も検討します。そのあたりのことを根拠として、「では、だいたい何時間くらいの活動を通してこの教材文を読み、それら力が身に付くだろうか」と考える順序になるべきかと思います。

もちろん、そこにはきちんとした年間指導計画や配当授業時数がありますから、それらも参照しながら、「ここは3時間扱いになっているけれど、これなら2時間でうちのクラスはできそうだな」とか、「これは2時間になっているけれど、うちのクラスではちょっと難しいかもしれないので3時間で扱おうか」など、子供の立場から見て無理のない指導計画を立ててはどうでしょうか。子供の実態から計画を考えているわけですから、それこそ現実的で達成可能なプランとなり、「時間がまったく足りなかった」「力を付けることができなかった」という悩みが生じにくくなるはずです。

そして、こうした工夫が結果的に、学びの質を高めることにつながってくるということになります。

Ⅳ　学びの「引き出し」を増やす

ここまでのことを視点として整理すると、

① （教師側から）育成を目指す資質・能力を考えて
② （子供側から）見直し、現実的な単元計画をつくる

という流れになります。

最後に③として押さえておきたい視点としては、学んだことの積み重ねということです。

ある単元では「知識及び技能」を新たに習得して、次の単元では前の単元で習得したものを活用して読んだり書いたりする場面があり、そこでまた新たに習得する「知識及び技能」があり……というように、学びの蓄積が意図的に起きるようにしていくことが必要です。時間のかけ方も効率的になります。つまり、全てをゼロベースで学習しなくても済むわけですから、「三歩進んで二歩下がる」ようなことがなくなっていくのです。

そのために、単元をデザインする際には、単元自体の見通しとともに、単元間の見通しももっていくようにしたいと思います。新しい単元に入る際、この見通しがうまくできていないと、前に学んだことを生かせず、全てが振り出しに戻る形になってしまいます。そ

の結果、できる子はいつもできるし、できない子はなかなかできない、という授業になってしまいます。これでは、資質・能力の育成をしているとは言えません。

「知識及び技能」「思考力、判断力、表現力等」「学びに向かう力、人間性等」の資質・能力が、それぞれの単元で確実に身に付いていくように展開していれば、学年が上がるにつれて、子供たちの学びの「引き出し」は必ず増えていき、問題解決などの選択肢も増えるはずです。

過去に学んだり使ったりしたことのある「引き出し」、つまり活用したことのある「知識及び技能」やさまざまな学び方が増えていけば、「この説明文を読むときには、どの『引き出し』にある読み方で読もうか」といった具合に、「自らの力」で文章を読んでいくことが可能になります。「どの視点から教材を読めばいいかを自分で選択できるようになる」ということは、少なくともその「読み方」をゼロから学ぶことに時間をかけなくてもよいということになります。前に学んだことを確認する段階から、スタートすることができます。その分、また新しい力を身に付けることに時間がとれるということです。「三歩進んで二歩下がる」ことがなくなるとは、そういうことです。

もし反対に、学びの蓄積されていなかったら、どうなるでしょう。これも後ほど触れることですが、国語の授業時数は学年が上がるにつれて減っていきます。つまり、上の学年になればなるほど時間的に学び直しが難しくなるのです。

子供の学びと時数コントロール

I　カリキュラム・マネジメントの充実と時数の関係

　新学習指導要領において、「主体的・対話的で深い学び」の視点からの授業改善と並んで授業改善の両輪と言われる「カリキュラム・マネジメント」とは、第1章までに述べてきたようなことを指していると考えます。

　「答申」では「カリキュラム・マネジメント」には、次の三つの側面があると示されています。

> ①　教科等の教育内容を相互の関係で捉え、学校教育目標を踏まえた教科等横断的な視点で、その目標の達成に必要な教育の内容を組織的に配列していくこと。
> ②　教育内容の質の向上に向けて、子供たちの姿や地域の現状等に関する調査や各種データ等に基づき、教育課程を編成し、実施し、評価して改善を図る一連のPDCAサイクルを確立すること。
> ③　教育内容と、教育活動に必要な人的・物的資源等を、地域等の外部の資源も含めて活用しながら効果的に組み合わせること。

　①には「教科等横断的な視点」とありますが、これは教科と教科の内容が単につながっていればよいということではなく、「知識及び技能」や「思考力、判断力、表現力等」の資質・能力の蓄積という意味で、学びがつながり合うためのマネジメントがなされているということが大切なのかもしれません。つまり、学びのネットワーク化が図られているということになるでしょうか。

　子供の学習が三歩進んだら、次回の授業では、きちんと三歩目のところからスタートして、四、五、六歩……と進んでいく。このような学びの蓄積のされ方は、教科等によってきっと少しずつ異なることでしょう。算数などは当然、前に習ったことの上にきちんと積み重ねていかなければなりません。それがよい面であるとともに、前の段階で身に付かなかった力があると、次の学習でさまざまな支障が生じます。国語はそこがある程度は緩やかで、多少、前の単元で落としたことがあったとしても、それで次の単元の学習が全く進まなくなってしまうということは、あまりありません。だからこそ、国語は学びの積み重

ねが逆に難しい面があると言うこともできます。

　教科の特性を踏まえつつ、「学び直しが必要な子がいないだろうか」と子供の現状に目を向け、「今日の学習が、学びの蓄積になっているか」という視点で授業を見直す意識をもつことを大切にしたいと思います。

　6学年全ての内容を見通したり振り返ったりすることが難しくても、2学年ずつのまとまりで捉え、2、4、6の学年の先生は、前の1、3、5年でどのようなことを学んできたのかということを意識し、まずはこまめに「前にどういうことを習った？」と子供たちに聞きながら、授業を進めるようにしてはどうでしょうか。

　こうした学年間の学びの蓄積が「縦方向」のマネジメントであるならば、同じ学年の中で教科と教科の学びをどのようにネットワーク化させていくかは、「横方向」のマネジメントと言うことができるでしょう。

　たとえば、私が実際に見た教育実習の授業に、新聞をつくる単元がありました。その新聞の内容は、社会科でゴミに関して調べたことについて書くというものでした。

　新聞を書くための取材の活動自体は、社会科で学んだ内容をもってくればいいので、そこであらためて2時間や3時間の取材活動をしなくても済みます。取材すること自体が指導事項の場合にはそれではいけませんが、その単元は「構成を考える」「記述を工夫する」などの事項がメインでしたから、取材の内容そのものは他教科等で扱ったものでいいわけです。

　こうした工夫によって単元そのものをマイナス2時間、3時間で設計し、その分、別の単元で時間をかけたり、学び直しが必要な場合はそこに時間を充てたりすることができます。このような単元どうしのつながりは、イメージしやすいと思われます。

Ⅱ　子供の実態から時数をコントロールする

1　「コントロール」の発想をもつ

　単元の授業時数を伸ばしたり縮めたりすることに対して、不安を感じる先生方も多いかもしれません。もしかしたら、単元の授業時数を教師自身がコントロールできるものなのだという意識自体が、現状では薄いのかもしれません。言われてみれば「確かにそうするのが自然なことですよね」と思われる先生方が多いのですが、誰かから言われない限り「教科書が時間を決める」「教材が時間を決める」という発想が強いようなのです。どの単元にどれだけの時数を使うかが、既に決まっていることが大前提になっているという印象です。

第2章 「単元のまとまり」と時数コントロール

　各教科書会社が示している単元の配当授業時数は、学習指導要領の内容の取扱いに示されている「話すこと・聞くこと」や「書くこと」の時間数などと照らしながら、緻密に計算されています。経験年数を問わず、どんな先生でも無理なく授業ができるよう配慮された一つの指針であることは言うまでもありません。

　しかしだからといって、「じゃあ、教科書の指導書にある時間数どおりに各単元を進めなければならない」と、全ての下駄を預けてしまっていいのだろうかということです。授業の主体はあくまで学習者たる子供たちであり、その子供の実態に合わせて、各単元においてプラスマイナス1時間とか2時間などの調整をすることは、本来ならばむしろ積極的にやってもいいことなのではないかと思います。

　もちろん、そうした時数のコントロールは、くり返しになりますが、子供の実態を受けて行われるということが大前提です。学期末に時間がなくなってきたので超特急で進めるとか、時間があまってしまったからのんびりやるとか、教師側の都合で動かすということではありません。この子供たちがこの教材を使ってこんな力を身に付けていくのに、どのくらいの時間が必要なのかと、単元の指導計画をしっかり考えた結果として、時数の伸び縮みが生まれるということです。

2　ユニットのつながりを意識する

　各教科書会社で示されている配当授業時数を目安としつつ、自分の学級はそのとおりで進めるか、あるいはプラス◯時間、マイナス◯時間で進めるかを考えます。そして、その分の足りない時間ないし余った時間を、年間計画のどこでどういうふうに回収していくかを考えていきます。

　時数をコントロールするということは、単元というユニットをどうつくっていくかということです。そして、そのユニットと他のユニットとを、時数の調整や学びのつながりなどを考えながら、ネットワーク化していきます。こうしたユニットどうしのつながりを1学期、あるいは1年間まとめて工夫しようとすることが、カリキュラム・マネジメントにもなっていきます。

　そう考えるなら、もし、隣の学級の先生の進度と、ご自身の授業の進度が少しくらい違っていたとしても、あまり不安に感じる必要はないように思います。隣の学級と同じ進め方をすることよりも、目の前の子供たちに求められている力をしっかりと付けることの方が、当然優先されなければなりません。子供の様子をよく見ながら、「このままの進め方で授業をしていて、力が身に付いていくのだろうか」と、しっかりと「子供を見る」ことが最優先だと私は思います。

　先に述べたとおり、学習の在り方が「資質・能力」基盤へと転換するからこそ、こうした単元のまとまりによる時数コントロールやカリキュラム・マネジメントが、より重要視

27

されるのです。標準的に示された配当授業時数の授業を進めていればそれでよし、という
わけにはいきません。子供が「分かるようになる」「できるようになる」ために、時数は
あります。配当授業時数を目安にしながら、目の前にいる子供たちの力を付けるために、
より適切な時数を先生方ご自身がコントロールしていくことが求められています。

「資質・能力」基盤だからこそ、現場で授業をする先生方が、子供に寄り添い、目の前
の子供にしっかりと力を付ける授業を、その現場の判断で工夫することが必要だと思いま
す。

Ⅲ 子供を待てる教師になる

1 チームによる教材研究

「この単元では、この教材を使って何時間で教えなければならない」という発想にかた
よりすぎると、「今日は何が何でもここまで読めるようにならなければならない」という
考え方で、授業の全てがつくられていきます。「子供を見る」ためには、まずはその考え
方から、いったん脱してみてはどうでしょうか。

そうでないと、その子がいまどう学んでいるかとか、どう悩んでいるかということより
も、予定どおりに授業が進められたかどうかの方が、教師にとって大事になってきてしま
うからです。結果的に、先生自身には悪気はないのですが、教師側のプランに沿って学べ
る子に目がいくようになり、そのプランに沿って学べない子に対しては「だからなんとか
してあげよう」というよりも、どちらかというと「困ったな」という捉え方をしてしまい
がちになったりして、子供の捉えがどんどん本末転倒になっていってしまいます。

まず子供がいて、その子供たちに力を付けさせるために授業をしています。まず教材が
あって、時間どおりに進めるために授業をしているのではありません。

そのような子供の側から発想して授業をつくるためには、当然のことながら、そもそも
子供がきちんと見えていないといけませんし、教材研究をしっかりと行うことも大切で
しょう。

「働き方改革」と言われている現在だからこそ、教材研究は一人きりで長時間行うとい
うよりも、周りの先生方とチームになって、協力し合うように取り組んでみてはどうで
しょうか。

学年会の時間なども、事務連絡や学年経営の相談だけではなく、若い先生もベテランの
先生も一緒になって、授業準備を兼ねて教材の研究を行う。そこまで時間がとれなかった
としても、「今日の放課後、30分だけこの教材研究をやりたいから、興味のある人は来て」

と、「この指とまれ」方式で手の空いている人が集まって一緒に教材研究をする。そんな工夫をしている学校もあると聞いています。このように何人かで教材研究を共有しておくと、「うちのクラスではこのくらいの時間で計画しようかな」と指導計画の見通しももちやすくなります。

2　子供を待つ

　さて、子供の捉え方については、さまざまにポイントがあるはずですが、大切だと思うことを一つ挙げるとすれば、それは「待つこと」だと考えています。

　若い先生方がなかなか子供を待てないと聞きます。どういうことかというと、発問をしたそばから、すぐに「分かる人？」と尋ねてしまうということです。その場合でも、だいたい得意な子が手を挙げてくれますから、そう尋ねたい気持ちはよく分かります。そこをぐっとこらえて、「考えさせる沈黙」「子供を待つ沈黙」を大切にしてはどうでしょうか。なぜなら、子供の沈黙にはいくつも種類があり、そのときの子供の学びの状態がさまざまに詰まっているからです。

　分からなくて黙っている子供と、「うーん」とじっくり考えていて黙っている子供。分かる先生には苦もなく分かるのですが、見た目が同じようなので、分からない人にとっては「この子たちはなんで黙っているのだろう」と感じられてしまい、つい、それに耐えられなくなってしまうのかもしれません。

　「いまがんばって考えている最中だから、口を開かない」子供と、「よく分からなくて困っているけれど、SOSが出せずに口をつぐんでいる」子供では当然、両者の対応が全く違ってくるはずです。ですが、表面上は双方とも黙っていて似ていますから、よくよく注意して、授業の中の一人一人の顔を見ていかなければなりません。前に、「子供を見ることが優先」と書いたのも、そういう意味が込められています。

3　学びのクセを見取る

　小学校は、基本的に学習集団と生活集団は同じであることが多いので、普段の生活の中で、子供の学びのクセのようなものを捉える機会がさまざまにあります。そのあたりも利用して、それぞれの子供の考えているときの様子や、困っているとき、分からないときにどんな態度をとっているかじっくり観察してみてはどうでしょうか。

　もちろん、時間にも限りがありますし、一度に全ての子供の様子を捉えるというのは難しい注文です。だからといって、全く見ないで授業を進めるということではなく、少しずつ見えるような工夫をしていければよいと思います。たとえば、どの子も一度にいっせいに見るのではなく、「今回の単元では、特にこの子やこの子を中心にしっかり見ていこう」

「今日の活動では、この子とこの子はどうだったかな」など、そのような感じです。一人の子供をじっくり見ようとすることで、実は他の子供たちのことも「見える」ようになってくると、あるベテランの先生からうかがったことがあります。

　授業を進める上で、何か判断するときには、子供を見てひとまず待ってみる。そんな先生が、実は子供をよく理解し、その上でしっかりと力を育ててくれるように思います。

Ⅳ　学習の自己調整

1　授業のタイムマネジメント

　教室の黒板に、タイマーが貼り付けてあるのをよく目にします。実際に授業の中でも、よく使われています。あれは子供に向けて鳴らしているのでしょうか。それとも先生が気付くために鳴らしているのでしょうか。

　「うちのクラスの子供たちは『何分間』と区切った方が、集中できるから」という方法も、一つはあるかと思います。ただ、もしそうなのだとしたら、「このことについていまから話し合うけれど、何分くらい必要？」とか、「このことについて書くけれど、何分くらいで挑戦してみたい？」という、子供への問いかけがあってから、「じゃあ、その時間でやってみようか」と、子供と一緒にタイムマネジメントしながら進めることができれば、よりいっそう効果的なのではないでしょうか。

　大人であっても、「3分で話し合いなさい」「1分で書きなさい」と言われると、圧迫感や焦りを感じて、かえって取り組みにくくなる場合があると思います。そういったある種の無理のある進め方を子供に提示して、「では、その時間内でやりましょう」と授業を進めることに、私は慎重でありたいと思います。

　授業をタイムマネジメントする上で意識したいのは「いかに指導案どおりの時間で進めるか」ではなく、「何を根拠に、その時間で活動するか」です。つまり、「何を根拠に3分で話し合うのか」「3分間という時間を明示することで、子供の学びにどういう効果があることを期待しているのか」ということです。ここでもやはり子供の側に立って、時間というものを考えたいと思います。

2　自己診断の重要性

　子供にとって、その問題が特に重要であれば、やはり時間をかけた方がいいのです。あるいはそれぞれの子供が、「僕はこれを10分くらいでやれるかな」「私は前も同じことをやったから、今日は5分くらいでやれるかな」などというように、自分の学びを自分で診

断させ、それをもとに学習を進めるということも大切です。たとえば、作文を書くときなど、活動の見通しをもたせながら、「何分くらいたったか分かるように、タイマーをテレビに映しておくね。それを見ながら進めていこう」などと言って始めさせ、書き終わったら「どうだった？」と聞いてみるなどしてはどうでしょうか。だいたいどのくらいの時間で書けるようになるか、自分のペースのようなものが少しずつ自分で捉えられるようになってくると思います。

　もちろんこれは、自分が目標にしていた時間を越してしまったからダメだとか、予想より早かったからよいとか、そういう話ではありません。どちらかと言えば、自分の学びを「調整する」ということに当たるような話でしょう。

V　学びをコントロールする

　文部科学省から、平成 31 年 3 月 29 日付で「小学校、中学校、高等学校及び特別支援学校等における児童生徒の学習評価及び指導要録の改善等について（通知）」が出され、観点別学習状況の評価の観点は「知識・技能」「思考・判断・表現」「主体的に学習に取り組む態度」の三つとなりました。

　このうち、「『主体的に学習に取り組む態度』」については、

> 「主体的に学習に取り組む態度」については、各教科等の観点の趣旨に照らし、知識及び技能を獲得したり、思考力、判断力、表現力等を身に付けたりすることに向けた粘り強い取組の中で、自らの学習を調整しようとしているかどうかを含めて評価することとした

とあります。

　自らの学習を俯瞰し、調整する視点が強く求められていることがうかがえます。子供自身が、メタ的に学習をコントロールできるようになることが目指されています。そのためにも、教師の方からいつも、「まずはこれをやって、これは○分でやって、次にこうして……」と、次々に指示を出したりタイマーで時間を区切ったりすることを続けてしまっていては、子供も調整のしようがないというものです。

　単元を通してこういった資質・能力を目指すというゴールは、教師の側でしっかりと決めておきます。ここはゆるがないようしておきます。その上で、「どういうふうにして進めようか」「これは何時間くらいでやれそうだろうか」など、全体の進め方について相談を交えて調整したり、「私はこんなふうに進めていきたいな」と、子供自身でも考え計画を立てたりできるようにしていきたいと思います。

　そのためにも、進め方を考えたり調整したりするための「余白」の時間のようなものが必要です。そうでないと、自分の学びや理解度などへ目を向けるきっかけすらなくなって

しまいます。

　こういった営みは、低学年には難しそうな気がしてしまいますが、1年生には1年生なりのやり方が可能です。

　一例ですが、生活科で「校庭に春を探しに行こう」といったときに、「ここへ行って、こういう活動をして帰ってくるのだけれど、時計の針がどのくらいになるまでに戻ってこようか」と相談をしたり、「これくらいの時間しか取れないのだけれど、行ってどういうことならできそうかな」と活動をイメージさせながら選ばせたりするだけでも、自らの学びや活動に対して、自覚をもたせることができます。低学年の子供には難しいだろうと思って、丁寧に細かい指示を次々と出してしまうと、「だいだいどのくらいの時間がかかりそうか」「どんな活動ならできそうか」といった、子供自身が学びを想定したりコントロールしたりする機会そのものが失われてしまいます。

　やはり大切なのは、単元のまとまりの中で、「進め方そのもの」を考えたり「自分の学び」について意識させたりするための時間、つまり「余白」の時間のようなものを、その学年にあったかたちで用意しておくということだと思います。

第 2 章 「単元のまとまり」と時数コントロール

 子供の成長を見通した授業の工夫

I　国語は小学校が8割

　国語科の授業の課題として、「授業が遅れがちになる」「教材に対して単元の配当時数が足りない」ということは、とりわけ上の学年になると必ず発生します。「この時間数では『大造じいさんとガン』をざっとしか読めない」「『海の命』を読むには時間が少なすぎる」などです。中学校に上がれば、いっそうそうした話が出てきます。

　小学校の国語の週当たりの標準授業時数はおおむね、1年生から順に、9、9、7、7、5、5と、学年が上がるほど減っていきます。そして、中学校になると4、4、3となり、下の学年ほど厚く、上の学年ほど薄くなるという、傾斜配分の構造になっているのです。

　学校教育法施行規則の附則（平成29年3月31日文部科学省令第20号）で定められている9年間の国語の標準授業時数をカウントすると、小学校が1461時間、中学校が385時間、合計1846時間となります。小学校と中学校の対比は、8：2。つまり、小学校の段階で、義務教育期間のほぼ8割の国語の時間数を使い切ってしまうということになります。このこと自体、あまり認知されていないように感じます。

　さらに言うと、小学校低学年で、9年間の国語の総時間数の3分の1を使うわけです。そのことは逆に言えば、それだけ低学年期の国語というものが重要であるということになります。一つの単元が、3時間や4時間とこまぎれの場合もあり、学びがきちんと蓄積されている構造が見えにくいかもしれませんが、低学年の段階で時間をかけて、それらの学習がしっかりと積み重ねられていくことの大切さを意識していたいと思います。低学年から学びが積み重なるからこそ、高学年は少ない時間でも、効果的に学習できるという設計になっているからです。

　そして、中学校に行くと、「走れメロス」や「故郷」などさらに難しい文学作品を、小学校以上に限られた時間で扱っていくことになります。たとえば、高学年の学級を受けもったとき、この子供たちがあと数年後にはそのような文学作品を読むようになるということを見据えながら、もし中学年段階の力が抜けていれば急いで学び直しをしつつ、高学年として付けるべき力を付けていくということになります。

　全ての教科がそうだと思いますが、先に触れたように、国語は特に学年が上がるほど学び直しが難しくなる教科です。目の前の子供たちの様子をよく見ながら、前の学年で学習

33

していることや次の学年で学ぶであろうことを、少し幅広に目配りをしながら単元を構想できればと思います。

　そのために、『小学校学習指導要領（平成29年告示）解説　国語編』は、各学年の指導事項を解説する際に、必ず前後の学年の指導事項がどうなっているかを表で示しています。「どうして同じような表が何回も出てくるのですか」と質問を受けることがありますが、それはいま述べたような視点から、単元や授業の工夫ができるようにするという理由もあると思います。

Ⅱ　概念的知識の「引き出し」を増やす

1　概念として理解させる

　先にも述べたとおり、国語の場合は、抜けてしまっている力が目に見えて分かりにくいところがあります。いつのまにか、いろいろな力が付いていない状態で、学年が上がってしまう恐れがあるわけです。

　たとえば文章構成に関して、「段落」ということを中学年で重点的に学びます。段落とはどういうもので、どのような役割があり、また、段落相互にはどのような関係があるのかなどについて、説明文を読んだり意見文を書いたりする学習を通して学びます。

　そうした段落についての学習を、なんとなく「段落って、文章の中で一文字下がっているところだよ」「段落ごとに小見出しを付けてごらん」という活動だけをやっていると、段落の位置は見付けられたとしても、それが文章において何のために機能しているのか、どんな役割を担っているのかが理解できないままになってしまいます。

　扱ってはいるけれど、身に付いていない。つまり、それでは「段落」という概念的知識が理解できていないということです。

　「知識及び技能」としての「段落」というものが深く理解できるからこそ、読むときにも段落を意識しながら読むことができます。書くときにも段落に気を付けて書いたり、推敲するときには、「この段落とこの段落は入れ替えた方が目的に合っているかな」などのように工夫したりできます。段落に関する「知識及び技能」をいかようにも活用しながら、読んだり書いたりできるようになっていくわけです。

　この概念的な理解がすっぽり抜けた状態で、「段落はもう教えました」「ちゃんと小見出しを付ける活動をしました」で済ませてしまうと、学年に上がっても、結局、段落に気を付けながら読んだり書いたりすること自体が難しいという状況を招いてしまいます。そして、そのまま中学校に上がってしまうと、さらにその子が苦労することは目に見えています。

34

第2章 「単元のまとまり」と時数コントロール

2 「知識及び技能」を軸に見取る

　子供の中で十分に身に付いていない力、落としてしまっている力がないかどうか、それぞれの学年で示されている指導事項を軸に、見ていくようにしてはどうでしょうか。そして、それらを見ていくには、当然、教師の方もその指導事項がどのようなものかを、しっかりと把握していなければなりません。「段落」という知識の中身は、本質的に何のことを指しているのか、という理解です。

　中学年で段落について学ぶことは分かっているわけですから、たとえば、低学年で布石を打つこともできます。低学年の文章にも段落は当然存在しますから、「この一文字だけ下がっているところは『段落』というのだけれど、詳しくは3年生になってから勉強するね」と、「段落」という用語に慣れておく工夫をしている授業を見たことがあります。

　あるいは、「文の集合」が段落になっていくわけですから、低学年では、まず1文目、2文目、3文目という文と文のつながりや接続の言葉などに着目させるということも大切になってくるでしょう。中学年で段落を学ぶ前に、そもそも押さえておかなければならない事柄について、しっかりと1、2年生のときに学んでおく必要があります。

　文が集合し段落になり、段落が集合して文章になっていきます。主語も述語もあやふやであったり、「ねじれている」ということがどういう状態か分からなかったりすると、「段落」どころではなくなってしまいます。

　そうなると、低学年の先生だからといって「高学年の内容はあまり知らない」ということではなく、「いま学習しているこの学びは、中学年や高学年になったときに、こんなふうにつながっていくのだな」という見通しをもっていることが大切です。「だから、やはりこの内容はしっかり教えておこう」とか「ここについては、いまの段階ではこのくらいでいいかな」と、軽重を付けて扱うことができるようにもなります。

　こういったことを意識して授業をしていくことで、子供が「できない」のは、その子の努力が足りないからというよりも、むしろ教え方をどう工夫していけばよいかという私たちの問題であり、実は自分たちの教え方しだいなのだということに、自然と気付いていくことができるのではないでしょうか。その気付きから、私たちの授業改善は一歩目を踏み出すことになると思います。

Ⅲ 　「部分の目」と「俯瞰の目」

　このように考えると、繰り返しになりますが、「その時間に計画どおりに活動させたかどうか」ではなく、やはり「子供たちは活発に活動していたけれど、本時で目指している

力は、はたして身に付いただろうか？」というところを、授業改善の一番の基準にしたいと考えます。

　「読むこと」の単元で、感想文を書いたり他の本を紹介したりする活動を入れる場合があります。どうしても教師の目は、文章をしっかり読んで考えさせることよりも、感想文をどう書かせるか、本の紹介をどうさせるかという活動の面に向きがちです。「いえ、教材文を読むのに４時間くらいしかかけられないのですよ。このあと、本を読んで紹介する活動に何時間か必要なので。本当は、じっくり読ませたいのですけど……」と言われることがあります。

　こうなると、その教材文を数時間で読ませてはいるのですが、あくまで読ませているだけで、「何の力を付けるために、どこをどう読ませればいいのか。また、読めない子にはどういう支援の手立てを用意するのか」といったことが、指導をする上で抜け落ちてしまいがちです。

　「読むこと」の単元で、新聞にまとめたりパンフレットを作ったりすることが重視されると、「じゃあ、給食の時間に続きをして」とか「おうちで完成させておいで」ということになりかねません。

　別段、パンフレットの完成が国語科のねらいではないのです。パンフレットでなくても、そこは教師がもっと簡単に紹介できるように工夫をして、本時なり単元なりのねらい以外のところに、余分な時間をかけないような手立てをとればよいのです。単元で身に付けさせたい力、本時で身に付けさせたい力は何であるのか。目標を「資質・能力」基盤で明確化すれば、活動は自ずと取捨選択され、焦点化されるはずです。

　第３章でご提案する６本の授業モデルは、目標を「資質・能力」基盤で明確化し、付けたい力を育てるために、単元のまとまりをどう描き、時数をどう柔軟にコントロールするかという視点でつくられています。

　それらの授業は、教師用指導書などに見られる一般的な展開例や時間配分例（Before）から、さらなる発展を目指し、次の単元や次の学年へつながる学びの引き出しになるよう、資質・能力の育成に焦点化させた展開例や時間配分例（After）への転換をねらったものです。

　単元など内容や時間のまとまりを意識するということは、45分という授業時間が、何のためにその活動を行う45分間なのかということを、常に意識するということです。本時の意味を、単元全体の指導計画と照らしながら考えるということです。「部分の目」と「俯瞰の目」との両方で、授業を考えることになります。

　単元のまとまりという全体の中で、今日の時間の意味や意義が分かると「だったら本時は、特にここをしっかり学んでおかないといけないな」「この部分は学び直しが必要かどうか、子供の様子を見てフォローして、次時につなげる必要があるな」というように、連続性の中で授業の工夫を考えることができていきます。

第 2 章　「単元のまとまり」と時数コントロール

　さらに言えば、本時がつながって単元を構成し、単元の連なりによって 1 年間の指導計画が成り立ちます。つまり、本時と単元、単元と 1 年間のつながり、1 年間と 6 年間ないし 9 年間のつながり。それらは全て、マトリョーシカ人形のように入れ子構造になっていて、含み・含まれるという関係になっています。一度そのような大きな見方で、授業の在り方を考えてみてはどうでしょうか。

Ⅳ　発達の段階を捉える

　単元間のつながり、学年間のつながり、校種間のつながりを意識するには、それぞれの発達の段階の特徴を理解しておく必要があります。ここでは、小学校の低・中・高学年の授業をする上での主な傾向を、私なりに挙げておきます。

1　低学年について

　低学年は国語の標準授業時数が最も多い分、活動の進め方などを調整する試行錯誤の経験、「トライアンドエラー」を重ねることのできる学年とも言えます。「時間数が多いからミニレッスンをたくさんやろう」とする発想もできなくはないのですが、それだけでは少しもったいないかもしれません。

　たとえば 5 時間の書く単元だったら、プラス 1 時間をとって「みんな、幼稚園や保育園のときに、お手紙ごっこをしたことはある？」などの問いかけから単元に導入し、「じゃあ、お手紙のことをどう勉強していこうか」というように、より自然に無理なく学習に入り込めるような工夫をすることができます。いわば、「余白」の時間をつくって、学びを調整する経験を重ねていくのです。

　そして、学年が上がったときに、手紙の書き方を学ぶのに 2 時間も 3 時間もかけずに済むように、この段階で学んでおくことをしっかり学習します。国語の標準授業時数は低学年に傾斜配分されていることは、常に意識しておく必要があります。

　「読むこと」単元であれば、まだ辞書を使わないということを逆手にとって、いくつかの言葉をしっかりと取り上げ、「どういう意味だと思う？」「知っている子はいる？」「じゃあ、ちょっとよく分からない子に教えてあげてくれる？」などのように、言葉のイメージを共有化することを、こまめに行ってはどうでしょうか。

　そうした指導を丁寧に重ねることで、たとえば中学年になって国語辞典が使えるようになったときに、意味が分からない言葉に出合ったら進んで調べてみようという態度を形成することにつながっていくと思います。くり返しになりますが、低学年で、「意味がよく分からない言葉があるね」「どういう意味だろうね」と立ち止まって、言葉をイメージし

37

たり、イメージを言葉にしたりする活動を、さまざまに重ねておきたいと思います。

　家庭環境や生活環境は子供それぞれですから、よけいに、言葉のイメージをみんなで共有することを大切にしたいと思います。とりわけ低学年は、語彙に関する指導事項に「身近なことを表す語句の量を増し」というねらいがあります。子供たちが使っている言葉や教科書に出てくる言葉に目を光らせ、タイミングを見て取り出して学習することで、「この言葉はそういう意味なんだ」「それってこういう言葉なんだな」と気付けるようにすることがポイントです。言葉のリストをつくって、100や200の語句を覚えることが大事という話ではないということです。

　以前、ある学校で、1年生がスピーチをしている途中で「へら」という言葉が出てきたそうです。料理に使う「へら」です。「へら」を知っている子もいれば、当然知らない子もいます。知っている子は、どの子も知っているものだと思って、当たり前のように「ケーキをつくるときにへらを使いました」と話しました。担任の先生は、へらを知らない子がいると分かっています。そこで、すかさず「『へら』ってどういうものか、他にも知っている人？」と聞きながら、「へら」がどういうもので、どこでどう使うのかということを数分でも共有して、「じゃあ、おうちにあったらまた教えてね」と声をかけます。

　とても些細に思われるこのような経験の積み重ねが、低学年ではとても重要です。言葉が分からないときには、みんなで意味をイメージする。そもそも、意味が分からないときには立ち止まってイメージしてみるという習慣を付けておくこと自体が、言葉を学ぶ姿勢として、学年が上がったときのことを考えても大事なことだと思います。

2　中学年について

　中学年からは、先にも述べたような段落など、論理関係の学びも広がってきます。

　たとえば、情報と情報との関係の指導事項では、低学年では「事柄の順序」ということを学びますが、中学年になると「考えとそれを支える理由や事例」などを学びます。自分の言いたいことがあって、その言いたいことを相手に伝えるには、「どんな理由や事例を用いて」「どのように話すと効果的なのか」などのように、論理的に考える段階に入ります。相手や目的に応じて、意識的に言葉の使い方を工夫することができるようになる、というイメージでしょう。

　また、「このことを○○先生に伝えるには、まずこれを言って、次にこれを言って、最後にこう言おう」などというように、低学年のときに学んだ「順序」ということも、相手や目的に合わせて話し方を工夫する場面で活用しながら使うことができます。

　それらのことは、「書く」においても、また、説明文などを「読む」に当たっても、「どうしてそういうふうに書いてあるのだろうね」「どうしてそのように書くとよいのだろうね」というような問いを、考えられるようになることにもつながっています。低学年では

第2章 「単元のまとまり」と時数コントロール

考えることが難しいこれらの課題も、中学年ではだんだんと可能になってきます。

ただし、「自分でそういう問いをつくりましょう」というのは、いきなりでは難しいでしょう。教師が課題を工夫して考えるきっかけを提供していくと、それがその子の問いの引き出しになっていきます。

高学年になると、「この場合だったらどう書けばいいかな」とか「この場合だったらどこに着眼して読めばいいかな」などのように、いわば自問自答しながら学習を進めることができるようになっていきます。そのための問いの引き出しを増やしていく意味でも、まずは教師から質のよい「問いかけ」ができるよう、発問などを工夫してはどうでしょうか。

3 高学年について

以上のような低学年から中学年の学習を経て高学年になった子供たちには、今度は、高学年版の試行錯誤、トライアンドエラーをさせていきたいところです。その学習を進めていく際の計画を、それぞれに考えさせてみるということです。

たとえば、「『大造じいさんとガン』を読んで、じいさんの人物像を具体的に想像する、ということが課題（ミッション）としてあるのだけれど、さて、どこからどう読んでいく？」というような問いかけを子供たちにしてみます。「情景に着目する」「人物の描写を注意深く読む」「国語辞典をフル活用する」「他の文章と読み比べてみる」など、実に多様な読み方が出てくると思います。これらの読み方の工夫は、実はそれまでの4年間の学びの蓄積があって、はじめて可能になるものです。

高学年の段階で、教師の適切なサポートのもとで、こうした学びの蓄積が生かされるような活動を、何度か取り組んでみたいと思います。その体験が、中学校になってから、さらに少ない時間でさらに長い文章を、自分で方法を工夫しながら読んでいくことにつながります。自立した読み手になるということは、自問自答しながらこうした読み方の工夫をさまざまに調整していくことができるようになることと、言い換えてもいいでしょう。

話すことや書くことにおいても、相手や目的、意図に応じて、さまざまな書き方や話し方の工夫を、試行錯誤しながらどこをどう工夫すればいいのか、自立的にプランニングできるようになっていくことが、高学年で目指す一つの姿だと思います。

V 「単元のまとまり」で描く授業づくりの観点

最後に、「単元のまとまり」を重視した授業をつくっていくために、私の考えたの四つの観点を紹介したいと思います。

39

1　目標の明確化

これは、先に述べてきたとおり「資質・能力」基盤で目標を明示し、それを最重要の到達地点として授業をつくっていくということです。どんな力を身に付けることを目標としているか、その中身が明確であれば、子供の実態などに応じて時数のコントロールも効きますし、「教材ありき」「活動ありき」の授業にはならないはずです。

その力が身に付くということを、たとえば、「何が分かることなのか」「どんなことができるようになることなのか」と、子供の姿として具体的にイメージしてみるとよいと思います。

たとえば、第3章で紹介する「スーホの白い馬」を読む単元（2年生）では、場面の様子や人物の行動を具体的に想像するという目標を明確にしています。そのため、どの叙述にどう着目させて読むとそれらが具体的に想像できるか、場面ごとによく考えられて、毎時間の学習する内容が焦点化されています。

2　学習過程の工夫

単元における目標を明確にすること、それが第一にすべきことです。そして次に検討したいことが、単元全体の学習過程を工夫することでしょう。単元全体のまとまりの中で、毎時間の学習をどう工夫していけばいいか、あるいは単元全体としての学習計画をどう工夫していけばいいかということです。

たとえば、教科書では8時間の扱いになっている単元でも、目標となる力を身に付けるのに8回の授業が必要かと考えてみます。学習過程を工夫することで、実は6時間の授業でテンポよく進めた方が、子供の学びが積み重なりやすいということがあるかもしれません。それは、本時の目標がスモールステップとして重なることで、単元の目標を実現することになっているかという指針にもなります。

たとえば、第3章で紹介する「学級討論会」を行う単元（6年生）では、この学習過程がよく工夫されています。一般的には、Before で示されているように、討論会の準備を少しずつ進めて、最後に討論会を行うという流れが多いように思います。それに対して、この実践は After で示されているように、まず単元の前半で討論会を一回行い、それを見直しもう一回行うという過程を組んでいます。ねらいを明確にし学習過程を工夫することで、短い時間でも深い学びが生まれるよう、工夫がされているのです。

3　言語活動の工夫

国語の資質・能力は、言語活動を通して身に付けていきます。まず、その単元で身に付

第 2 章 「単元のまとまり」と時数コントロール

ける力を明確にしたら、どのような言語活動を通して単元をつくるのかを考えてみたいところです。場の設定や活動の設定の工夫です。

　教科書に示されている活動や話題が、自分の学級の子供たちが力を付けるのに、最も適しているかどうかは分かりません。たとえば、「話すこと・聞くこと」や「書くこと」の単元では、話題そのものを教科書にあるものとは違うものに変えることもできます。子供がより「話してみたい」「書いてみたい」と思えるテーマにするということです。地域の特色や学校行事などとも関連させて、さまざまな工夫ができると思います。活動そのものを部分的に修正したり、導入の仕方を工夫したりすることなどもできそうです。

　たとえば、第 3 章で紹介する「ごんぎつね」を読む単元（4 年生）では、物語を読んで続き話を書くという言語活動を設定しています。6 場面の続きを書くには、当然それまでのごんの気持ちの変化などを具体的に想像することが必要です。この活動を通して目標として示されている力がしっかりと付くとともに、子供たちもめあてをもって学習に取り組むことができます。単元の導入も工夫されています。

4　他教科等との関連

　ここまで、単元というまとまりを重視して、子供の側に立って時数も自立的にコントロールしようという趣旨で話を進めてきました。そして、具体的にどういうところに着眼すると、単元のまとまりを重視した授業を工夫することができるかを、最後にまとめながらその観点を挙げてきました。これまでに挙げた①〜③（「目標の明確化」「学習過程の工夫」「言語活動の工夫」）は、どれも実際の授業をつくる上で大前提となる、必須の観点と言えます。

　ここで挙げる「④他教科等との関連」は、①〜③のようにどの単元にでも必須というわけではなく、単元の内容などによって「とりわけ○○科との関連を意識する」というようにつなげて考えることのできる工夫になります。他教科等との関連は、資質・能力のつながり（国語で学んだ新聞の書き方を生かして、社会で工場見学の新聞を作るなど）や、学習内容のつながり（国語の天気予報に関する説明文と理科の気象に関する内容とを連動させて、子供の関心を高めるなど）のように、さまざまな工夫を考えることができます。

　たとえば、第 3 章で紹介する「たんぽぽのちえ」を読む単元（2 年生）では、生活科の学習とのつながりを意識しています。説明文でたんぽぽについての文章を読むに当たって、生活科の学習でたんぽぽの花を観察したり、たんぽぽの詩を音読したりするなどして、文章の内容そのものに興味をもたせます。そのことが、説明文がどう書かれているかという、国語科の学習での言葉の気付きのベースとなるのです。

41

「単元のまとまり」で授業を描くことのよさ

　最後に、「単元のまとまり」を意識して授業を考えることのよさについて、まとめておきましょう。

- ・「資質・能力」基盤で、子供に力を付けることを大切にした指導計画を考えることができる
- ・学習する子供の側に立ち、学びの質を充実させるという点から、さまざまな授業の工夫を考えることができる
- ・子供の実態に即して、教師自身が単元の授業時数をコントロールすることを含めて、授業の在り方を柔軟に考えることができる

可能になること

- ・言葉の学びが着実に積み重なっていく国語の授業が可能となる
- ・子供が試行錯誤し、調整しながら学習に取り組む授業が可能となる
- ・教師自身が子供の側に立って、指導計画を考えたりカリキュラム・マネジメントを工夫したりすることが可能となる

【参考文献】
・文部科学省『小学校学習指導要領（平成29年告示）解説　国語編』東洋館出版社、2018年
・髙木展郎『変わる学力、変える授業。─21世紀を生き抜く力とは─』三省堂、2015年
・奈須正裕『「資質・能力」と学びのメカニズム』東洋館出版社、2017年
・中村和弘編著、東京学芸大学附属小学校国語研究会著『見方・考え方　国語科編』東洋館出版社、2018年
・中村和弘、大塚健太郎編著『考える力を高める国語科の授業づくり─「主体的・対話的で深い学び」の実現に向けて─』文溪堂、2019年

> 定番教材の
> Before/After
> から見る
> 時数コントロール

3

「単元のまとまり」で描く
授業モデル

「単元のまとまりで描く」ということの理念とそのための観点を押さえたら、実際の授業づくりのモデルを見ていきたい。本章で提案するのは定番教材6本。一般的によく見られる展開例や時間配分例（Before）から、次の単元や次の学年へつながる学びの「引き出し」になるよう、資質・能力の育成に焦点化させた展開例や時間配分例（After）への転換をテーマにまとめた。

「他教科等との関連」と「学習過程の工夫」

光村図書2年上　配当の学習時数10時間

「たんぽぽのちえ」を10時間➡7時間へ

「たんぽぽのちえ」 Before/After

Before

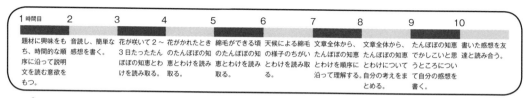

After

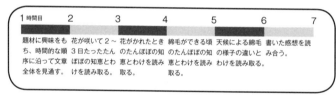

 本単元の時数コントロールポイント

　「題材に興味をもつ」ために年度当初から見通しをもち、学級はじめの時間や音読、生活科の時間を活用する。「文章全体から、自分の考えをまとめる」活動を、文章の読み取りを終えた最後に行うのではなく、毎時間「知恵」を読み取るたびに「思ったこと」として書きためておき、それらを見返すなどして、すぐに書き出せるようにしておく。

---

①単元の目標
・時間の順序を表す言葉や理由を表す言葉に着目することができる。【知・技】
・様子やわけを考えながら、文章の内容を捉えることができる。【思・判・表】
・重要な言葉や文を書き抜き、自分の体験と結び付けて、感想を共有することができる。【思・判・表】

②中心となる言語活動
　文章の内容を漠然と捉えるのではなく、「ちえ」と「わけ」とに整理しながら読み進めることをねらっている。また、「おもったこと」を書きためていき、交流を通してお互いの感想が共有できるようにする。

7時間版「たんぽぽのちえ」単元計画

第1次
第1時　題材に興味をもつ、範読を聞き、文章全体の時間の順序を押さえる。感想を書く。

第2次
第2時　花が咲いて2~3日経ったときのたんぽぽの知恵とそのわけを読み取る。
第3時　花がすっかりかれたときのたんぽぽの知恵とそのわけを読み取る。
第4時　綿毛ができる頃のたんぽぽの知恵とそのわけを読み取る。
第5時　天候による綿毛の様子の違いのわけを読み取る。

第3次
第6時　文章全体を見直し、思ったことを振り返りながら自分の考えを書く。
第7時　文章全体を見直し、自分の考えを書く。

 ## ストレッチタイム

　説明文の話題である「たんぽぽ」に興味をもたせるために、以下のような活動を関連させて行う。
・教科書の扉の詩が「たんぽぽ」である。十分に味わったり、朝の会で音読したりする。
・音読カードなどを利用し、「たんぽぽ」を題材とした他の詩を紹介して「たんぽぽ」に関心をもたせるようにしておく。
・前単元「今週のニュース」で、たんぽぽについて書いてきた子供の作品を紹介する。
・生活科の学習の中で、機会をつくりたんぽぽの様子について目を向けるように投げかける。

③教材について
　子供たちの身近に存在するたんぽぽのことについて書かれており、興味をもちやすい教材文である。文章も時系列で簡潔に分かりやすく、発達の段階に適した教材と言える。
　時間的順序に従って、たんぽぽの具体的な様子から「ちえ」とその「わけ」を読み取り、自分の「思ったこと」を整理していく。「ちえ」と「わけ」をキーワードとして、植物の生態について書かれた文章を読み進めていく。いずれは、自分の興味をもった生き物の生態について書かれた説明的文章（科学読み物、知識の絵本など）を読み進められるように、そこにつながる読み方をこの教材文を使って身に付けさせたい。

 1時間目

本時の目標：時間的な順序を表す言葉と挿絵を並び替えることによって、文章全体を大まかに捉えることができる。初めて知ったことや不思議だと感じたことについて、簡単な感想を書くことができる。

 本時の時数コントロールポイント

　挿絵を利用し、文章全体を大まかにつかませるようにする。挿絵カードは、一人一人にも用意し全員が文章のだいたいの流れをつかめるようにする。挿絵の中に時間を表す言葉も表記しておき、「たんぽぽの様子（挿絵）」と「時間を表す言葉」が視覚的にも捉えられるようにする。

これでスムーズ！Minutes チャート

START	活動	ポイント
	・題名をもとに「たんぽぽ」について、知っていることを挙げる。1段落の文章につなげる。 ・「ちえ」という言葉について説明する。 ・どんな順序で「たんぽぽのちえ」が書かれているかに気を付けて範読を聞く。	・教科書の扉の詩を読むときや生活科の学習を利用して「たんぽぽ」について関心をもたせるようにしておく。 ・「ちえ」を「ものごとを考え、工夫する心や努力」と押さえる。この学習の間はいつでも見られるように掲示しておく。
15min	・挿絵（時間を表す言葉も含む）をばらばらにして掲示する。正しい順番に並べる。 　①一人で考えて、並べる。 　　（一人一人にも挿絵カードを配付） 　②全体で確認し、文章全体を大まかに捉えながら正しい順番にする。 ・ノートに貼る。	・掲示用の挿絵、一人一人に配付する挿絵カード（絵や言葉は同じ）を準備しておく。掲示用の挿絵は、今後も使用する。 ・全体で確認するときに、時間を表す表現をはっきりと示すようにし、理解を助ける。表のようにして掲示しておいてもよい。
30min	・黙読し、感想を書く。	・「はじめて知ったこと」「ふしぎだと思ったこと」などを書かせる。
END		

●指導上の工夫

　簡単な感想を書かせるときは、視点を示すようにする。なかなか書けない子供には、教科書にある「おもったことを書くときに、つかってみましょう」内の言葉を使うように声をかける。自分の気持ちに近い言葉を選ばせ、その言葉につながるように書かせるようにする。

第3章 「単元のまとまり」で描く授業モデル

 本時の目標：花が咲いて、2～3日たったたんぽぽの様子を読み、「ちえ」と「わけ」を考え、適切な箇所を書き抜いたり、思ったことを書いたりすることができる。

本時の時数コントロールポイント

　題材の「たんぽぽ」に興味をもたせるのは、国語の時間だけに限らない。この教材文の学習をすると、子供が休み時間に見付けたたんぽぽの様子を報告しにきたり、図書室で見付けたたんぽぽについて書かれた知識の絵本を持ってきたりする。その機会を利用して、実際のたんぽぽの様子を写真に撮ったり、生き物に関する本を学級文庫に加えたりして興味・関心をもたせるようにする。

これでスムーズ！Minutesチャート

START	活動	ポイント
	・前時で書いた感想を2～3名紹介する。 ・本時のめあてを確認し、音読する。 ・挿絵を提示し、「花が咲いて2～3日たったたんぽぽ」の様子を読み取る。	・上手に書けた子供を紹介し意欲を引き出し、毎時間ごとに書く「おもったこと」のお手本にする。
15min	・たんぽぽの様子から「ちえ」を探し、鉛筆でサイドラインを引く。 ・全体で「ちえ」を確認し、適切な部分に赤鉛筆でサイドラインを引く。 ・このような「ちえ」を働かせる「わけ」を探し、鉛筆でサイドラインを引く。 ・全体で「わけ」を確認し、適切な部分に青鉛筆でサイドラインを引く。	・題名にある擬人化表現を利用し、知恵を読み取るときに「この様子のたんぽぽさんが工夫しようとしていることは何かな」と声をかける。（逆接の接続詞があることに注意） ・サイドラインは、自分で考えた部分を鉛筆で引き、適切な箇所を確認したら色鉛筆で引くことを基本として、今後のさまざまな学習場面で使う。
30min END	・板書を利用して学習を振り返り、ワークシートに「ちえ」「わけ」「おもったこと」を書く。	

●指導上の工夫
　ワークシートには、「そのときのたんぽぽの絵（挿絵をもとに線描き）」「時間を表す言葉を使った題名」「ちえ」「わけ」「おもったこと」の項目で単元を通して共通のものとする。書き慣れてきて短時間で書けるようになる。また、「次に書くときは、このようにする」などという目標ももちやすい。

 **3時間目**

本時の目標：花がすっかりかれたときのたんぽぽの様子を読み、「ちえ」と「わけ」を考え、適切な箇所を書き抜いたり、思ったことを書いたりすることができる。

本時の時数コントロールポイント

「思ったこと」を書けるようになってきたら、よい表現、今後も使っていけそうな表現を取り上げ、学級全体に広げる。教科書にある「思ったことを書くときにつかってみましょう」内の言葉を教室に掲示しておいて、そこに加えていくとよい。自分の経験とつなげた表現や実際のたんぽぽと比べて書いた表現等が出てきたら、すかさず取り上げるようにする。

これでスムーズ！Minutes チャート

START	活動	ポイント
	・前時で書いた感想を2～3名紹介する。 ・本時のめあてを確認し、音読する。 ・挿絵を提示し、「花がすっかりかれたたんぽぽ」の様子を読み取る。	・感想を読んで紹介するだけでなく、コピーして教室内に掲示し、きれいに整えて書くお手本とする。
15min	・たんぽぽの様子から「ちえ」を探し、鉛筆でサイドラインを引く。 ・全体で「ちえ」を確認し、適切な部分に赤鉛筆でサイドラインを引く。 ・このような「ちえ」を働かせる「わけ」を探し、鉛筆でサイドラインを引く。 ・全体で「わけ」を確認し、適切な部分に青鉛筆でサイドラインを引く。	・「～のように」という比喩表現を押さえる。他の箇所でも見られる表現である。 ・前時と同じ要領で進める。サイドラインは長く引き過ぎてしまう傾向があるのでなるべく短く引かせ、適切な箇所を探すように声をかける。
30min END	・ワークシートに「ちえ」「わけ」「おもったこと」を書く。 ・学習したことを思い出しながら音読する。	・取り上げる部分の文章が比較的少ない箇所である。学習のまとめとして、音読を取り入れる。

●指導上の工夫

　音読の仕方もさまざまにある。目的に合わせて選ぶようにする。①指名音読、②つぶやき読み（全員が立ち、それぞれの速さで同時に音読。全員に声を出させたいときなどに）、③ペア音読（ページや段落ごとに交代して音読する。相手意識をもたせ、全員に音読させたいときなどに）、④学習のまとめとしての音読（サイドラインを引いたところだけ声を合わせる。学習のポイントを強調したいときなどに）など。

第3章 「単元のまとまり」で描く授業モデル

4時間目

本時の目標：綿毛ができる頃のたんぽぽの様子を読み、「ちえ」と「わけ」を考え、適切な箇所を書き抜いたり、思ったことを書いたりすることができる。

本時の時数コントロールポイント

「ちえ」と「わけ」を読み取るためのキーワードとして捉え、本文の中から見付けるようにした。そのための手がかりとして理由を表す表現を押さえておく。「～からです。」「～のです。」「なぜ～でしょう。」「それは～からです。」などである。その他にも比喩表現などを押さえておくと、今後の学習で出てきたとき、思い起こすことができる。

これでスムーズ！Minutesチャート

START	活動	ポイント
	・前時で書いた感想を2〜3名紹介する。 ・本時のめあてを確認し、音読する。 ・挿絵を提示し、「花のじくがまたおき上がるたんぽぽ」の様子を読み取る。	・上手に書けた子供を紹介し意欲を引き出し、毎時間ごとに書く「おもったこと」のお手本にする。 ・比喩表現「～ように」を押さえる。
15min	・ここまでの花とじくの様子を動作化する。 ・たんぽぽの様子から「ちえ」を探し、鉛筆でサイドラインを引く。 ・全体で「ちえ」を確認し、適切な部分に赤鉛筆でサイドラインを引く。 ・このような「ちえ」を働かせる「わけ」を探し、鉛筆でサイドラインを引く。 ・全体で「わけ」を確認し、適切な部分に青鉛筆でサイドラインを引く。	・花が咲いたところから始まり、再びじくが起き上がるところまでを動作化することで花とじくの様子をつかませる。手を花、腕をじくに見立てる。 ・サイドラインを引くことにも慣れてくる。与える時間を短くしたり、「ちえ」「わけ」を並行して探させたりする。 ・「なぜ～のでしょう。」「それは～からです。」問いと答えの表現を押さえる。
30min	・学習を振り返り、ワークシートに「ちえ」「わけ」「おもったこと」を書く。	・指先をわた毛に見立て、わた毛が開くところまで、再度動作化をし、読みとったたんぽぽの様子と重ね、理解を確かにさせる。

●指導上の工夫

　サイドラインを引くこと、ワークシートを使って学習をまとめることに慣れてくる。時間を効率的に使えるようになってくるよさと、学習活動がマンネリ化してくる欠点が出てくることがある。課題の出し方に変化をもたせたり、指導の効率化よって生まれた隙間の時間に生き物の生態に関する本を読ませたりして学習を広げるとよい。

 5時間目　本時の目標：天候による綿毛の様子の違いを読み、「ちえ」と「わけ」を考え、適切な箇所を書き抜いたり、思ったことを書いたりすることができる。

本時の時数コントロールポイント

　天候による綿毛の様子の違いを読み取る。「同じ頃のたんぽぽ」で「綿毛の様子が違う」ときのことだということを押さえて学習する。二種類の綿毛の様子を比べて読むことで、たんぽぽの「ちえ」が明らかになり、「わけ」もはっきりとしてくることを理解させる。

これでスムーズ！Minutes チャート

START	活動	ポイント
	・前時で書いた感想を2～3名紹介する。 ・本時のめあてを確認し、音読する。 ・挿絵を提示し、「よく晴れて風のある日のわた毛」「しめり気の多い日や雨ふりの日のわた毛」の様子を読み取る。	・上手に書いた子供を紹介し、意欲を引き出し、毎時間ごとに書く「おもったこと」のお手本にする。
15min	・天候による綿毛の違いを動作化する。 ・綿毛の様子から「ちえ」「わけ」を探し、鉛筆でサイドラインを引く。 ・全体で「ちえ」「わけ」を確認し、適切な部分に色鉛筆でサイドラインを引く。	・天候の違いによるそれぞれの綿毛の挿絵を提示する。二つの綿毛の様子は「でも」という逆接のつなぎ言葉をはさんでいることにも着目させる。 ・「すぼむ」「しぼむ」の違いを押さえる。 ・学習した箇所を中心にペア音読を取り入れてもよい。ペアで音読と動作を交代したり、「ちえ」「わけ」を分担して読んだりする。
30min	・学習を振り返り、ワークシートに「ちえ」「わけ」「おもったこと」を書く。 ・学習したことを思い出しながら音読する。	・「それは～からです。」というわけを表す表現を押さえる。
END		

●指導上の工夫
　低学年では、言葉の意味を理解させるのに簡単な動作化は有効である。この教材文でもたんぽぽの花の様子「しぼむ」、じくの様子「ぐったり」「ぐんぐんのびて」、綿毛の様子「らっかさんのように」「すぼむ」などがある。指名したり、全員がその場でやってみたりするなどして言葉の意味をつかませるようにする。

本時の目標：いままで読み取った四つのたんぽぽの「ちえ」の「わけ」を読み取ることができる。文章全体を読み直し、毎時間書いてきた「思ったこと」をもとにしてまとめ、感想を書くことができる。

本時の時数コントロールポイント

　いままで書きためてきたワークシートの「おもったこと」を振り返る。教材文の学習が終わってから「さあ、感想を書きましょう。」とするのではなく、毎時間書きためてきた感想を使って、あらためて書いたりまとめたりする。初発の感想とどう変わってきたのか、変わらないのかを比べて書くこともできる。

これでスムーズ！Minutesチャート

START	活　動	ポイント
	・前時で書いた感想を2～3名紹介する。 ・本時のめあてを確認し、音読する。	・上手に書けた子供を紹介し意欲を引き出し、毎時間ごとに書く「おもったこと」のお手本にする。
10min	・「このように」が何を指すのか考え、いままで出てきた四つのたんぽぽの知恵であることを確認する。	・いままで使用した挿絵を「ちえ」の順に並べ掲示する。
15min	・「四つのちえ」の「わけ」を考えてサイドラインを鉛筆で引く。 ・全体で「わけ」を確認し、適切な部分に青鉛筆でサイドラインを引く。	・「〜のです。」という理由を表す表現を押さえる。
25min	・学習した「四つのちえ」について思い出しながら全文を通読する。 ・感想をまとめ、次時に交流することを知り、四つのたんぽぽの知恵について、特にかしこいと思った知恵について感想を書く。 ・次時の学習（感想交流）の予告を聞き、見通しをもつ。	・毎時間書きためた「おもったこと」を利用して書くように促す。 ・自分の体験と結び付けたり、はじめに読んだときの感想と比べて書いたりしてもよいことを示す。

●指導上の工夫
　子供の中には、同じことを書いてはいけないのではないかと考え、書き出せない子をときどき見かける。同じ言葉や文章を遠慮なく使ってよいこと、よく考えてもやはり同じ感想の場合もあることを伝え、自分の書いたものを積極的に用いていくように声をかける。

7時間目

本時の目標：文章全体を読み直して書いた感想文を、グループの友達や学級の友達と読み合い、付箋紙に「一言感想」を書いて交流することができる。

 本時の時数コントロールポイント

　まずは、自分の感想を読み返すようにする。書いたままにして、自分では読み返さないという子供が意外と多い。書いたものは自分で読んで推敲するという習慣を付けていくようにする。さらに、友達の考えや感想を聞いたら、必ず感想を伝えるということを身に付けさせたい。本時では付箋紙を利用して書いていく。受け止めたら反応を返す、という対話や話合いの基本の姿勢を育てていく。

これでスムーズ！Minutes チャート

START	活　動	ポ イ ン ト
	・本時のめあてを確認する。	
10min	・「たんぽぽのちえ」を学習して前時にまとめた感想を自分で読む。	・誤字・脱字、主述のねじれなどがないか自分で読み、確認させる。
15min	・隣の人と交換してお互いに読んで、付箋紙を利用し感想を返す。	・必ず感想を返すようにする。短くても、一言でも返すようにする。
	・グループの友達と交換してお互いに読んで、付箋紙を利用し感想を返す。	・友達の感じたことを読み、それについて自分が感じたことを書いてワークシートに貼っていく。
30min	・グループ以外の友達の感想を読んで、感想を返す。 ・学習のまとめとして、全文を音読する。	・さらに違う友達の感想を読んだり、自分の感想に一言もらったりする。
END		

●指導上の工夫
　感想文の交流の仕方については、どの子にも感想を交換する相手がいるように隣の席の人、グループの人との交流の時間を設定する。その後は、自席に読んでもらう感想文と鉛筆1本、付箋紙を置いてから、他のグループの人の感想を読みに教室を回る。空いている席があったら、すぐに座り、その席の子の感想を読み、付箋紙を書くようにする。

AND MORE... 見取りのポイントと今後へのアイデア

①子供の見取りのポイントについて

　時間的順序に従って、「ちえ」「わけ」を見付け読んでいたかを見取る。具体的には、本文に引かれたサイドラインを見ることで見取る。鉛筆で引かれた線と色鉛筆で引かれた線が重なっていくとよい。さらに授業中の発言、ワークシートの書きぶりや「おもったこと」の欄からも見取ることができる。

②今後の学習に生かす視点

　この単元で付けた説明的文章を読む力を使って、読書活動を充実させるようにした。読書傾向に偏りが見られることや、植物や虫などに興味をもっている子供が多いのに図鑑の写真をめくるだけで、短い説明の文章も読んでいないことに課題を感じていた。教材文は大変読みやすく書かれているが、実際に図書館等にある科学や知識の本は、難しかったり、自力で読破するには長すぎたりすることが多い。そこで、この単元で使ったワークシートを活用し、「ちえ」「わけ」「おもったこと」を探す活動を取り入れた。全項目を書かなくてもよいこと、「ちえ」を見付けるコツが分かったら共有するようにした。すると、目次を見て不思議だと感じたところから読む、図鑑の中の囲み記事を読むなどの工夫が出された。集まったワークシートは子供と相談して綴じ「生き物のちえブック」として学級文庫に加えた。

COMMENT

　説明文の題材に興味をもつことができるよう、事前に生活科の学習でたんぽぽに触れたり、たんぽぽの詩を音読したりしている。こうした見通しをもった指導を重ねていくには、カリキュラム・マネジメントの考え方が必要である。各教科等の年間指導計画をばらばらに立てるのではなく、話題や活動、身に付ける力のつながりなどを関連させ、扱う時期を調整していくのである。また、たんぽぽの知恵についての感想を、単元の最後にまとめて書くのではなく、1時間ごとに書かせていくことで、低学年の子供にとっても取り組みやすい過程が工夫されいる。

（中村和弘）

「目標の明確化」と「学習過程の工夫」で

光村図書2年下　配当の学習時数12時間

「スーホの白い馬」を 12時間➡9時間へ

「スーホの白い馬」　Before/After

Before

1時間目	2	3	4	5	6	7	8	9	10	11	12
学習の見通しをもつ。あらすじをつかむ。	初発の感想をもつ。		場面ごとの人物の様子を想像して読み取る。				想像を広げるために気を付けて読んできたことを振り返る。	初発の感想が変化したところを発表し合う。	紹介したい本を選び、紹介メモを作る。	グループで本の紹介をし合い、感想を伝え合う。	本文中に出てきた複合語の特徴や語感の違いに気付く。

After

1時間目	2	3	4	5	6	7	8	9
初発の感想を交流し、学習の見通しをもつ。		場面ごとの人物の様子を想像して読み取る。				想像の広がりを感じながら学習を振り返り、初発の感想と比べる。	紹介したい本を選び、紹介メモを作る。	グループで本の紹介をし合い、感想を伝え合う。

 ## 本単元の時数スキルポイント

　単元の最後に好きな本の紹介ができるようになるために、本を読んで感想をもち、互いに紹介し合えるような力を付けなければならない。そこで、「スーホの白い馬」では、場面ごとに人物の言動に着目して読みの目標を明確にする。その学習経験を生かし、本の紹介では、心に残ったところやおもしろいところを見付けられるように、学習が積み重なるように伸ばす。

①単元の目標
・身近なことを表す語句の量を増やすことができる。【知・技】
・場面の様子や登場人物の行動など、叙述に即して具体的に想像しながら読むことができる。（思・判・表）
・文章を読んで感じたことをまとめ、共有することができる。【思・判・表】

②中心となる言語活動
　言葉や表現を手がかりに、想像を広げながら物語を読むことをねらいとしている。また、心に残ったところやおもしろかったところに目を向けさせながら、単元の最後には自分の選んだ本を

9時間版 「スーホの白い馬」単元計画

第1次
第1時　範読を聞き、初発の感想を交流し合い、学習の見通しをもつ。

第2次
第2時　「スーホと白馬との出会い」の場面の人物の様子を、スーホの言動から想像して読み取る。

第3時　「羊をおおかみから守る白馬」の場面の人物の様子を、登場人物の言動から想像して読み取る。

第4時　「白馬を殿様に取り上げられたスーホ」の場面の人物の様子を、登場人物の言動から想像して読み取る。

第5時　「殿様のところから逃げ出してスーホのところに帰ってきた白馬」の場面の人物の様子を登場人物の言動から想像して読み取る。

第6時　「馬頭琴を作るスーホ」の場面の人物の様子を、スーホの言動から想像して読み取る。

第7時　想像の広がりを感じながら学習を振り返り、初発の感想と比べる。

第3次
第8時　好きな本の紹介の仕方を学び、紹介するための情報をまとめる。
第9時　紹介し合い、次に読みたい物語を探す。

 ## ストレッチタイム

　物語の最終単元となる場合が多いため、2年生のそれまでの学習での積み上げがポイント。たとえば「スイミー」では、場面ごとに「スイミー日記」で学習をまとめさせ、登場人物の行動を抜き出しまとめる経験をさせておくと、今回の学習につながる。
　また、読書記録を学年当初から取っておくことで、紹介するお気に入りの本を探しやすくなる。題名、作者の記録だけでなく数行の感想や、おすすめポイントなども残しておくと、さらによい。書くことが億劫にならない程度に習慣化を目指す。

紹介する活動を行う。
③教材について
　「スーホの白い馬」は、2年生としては長い物語である。また、モンゴルという外国に伝わる話であるため、挿絵を使ったり原作の絵本を用意したりして、視覚的にも想像を広げて読むための助けにすると効果的である。あらすじや場面の展開、人物の関係などを大まかに理解していくことで、本文の叙述から想像を広げることが可能となる。

 1時間目

本時の目標：感想を交流し、読めば答えの見付かるもの（「スーホは誰と暮らしているか」等）、読んでも答えの見付からないもの（「スーホの母はどうしていないのか」等）を考えて、学習課題をつくることができる。

本時の時数コントロールポイント

　物語のあらすじを子供たちにいかに把握させるかがポイントになる。登場人物、物語のあらすじなど、大まかにつかめるように、初読の読み聞かせの際、挿絵を場面ごとに提示し、読後、黒板を見れば紙芝居の絵が並んでいるようにしておくことが大切になる。それにより感想をもちやくすなり、交流の際にも場面や登場人物を共有しやすくなり、理解が深まる。

これでスムーズ！Minutes チャート

START	活動	ポイント
	・2年生の物語教材の学習を振り返る。 ・たくさんの読書記録も振り返る。	・学習のまとめとして、読書記録より自分の好きな物語を一冊紹介すること提案する。
5min	・物語の概要を聞く。 ・教師の読み聞かせを聞く。	・2年生の最後にみんなで読むにふさわしい物語であると紹介。 ・場面ごとに挿絵を黒板に貼る。
15min	・挿絵を見ながら読み聞かせを聞き、物語の世界を想像する。 ・感想を短冊にまとめる。 ・書けた子は、貼られた短冊の感想を読み歩く（進度調整も含めた交流）。	・読み聞かせ中、必要な語は語釈を入れたり、想像が膨らむように問いかけたりする。 ・書けた子から、感想の根拠となる場面の挿絵の下に貼らせる。全体に関わる（または、分からない）子のための場所も用意する。
30min	・登場人物やあらすじを確認する。	・挿絵を使い、あらすじと登場人物などを整理しながら場面の転換点で区切り、学習のまとまりとする。
35min	・感想から学習課題をつくっていく。	・感想の量・質を考慮し、学習の区切りごとに課題化する（本時の目標参照）。
END	・学習計画を確認する。	・紹介する本を読書記録より探す指示を出す。

●指導上の工夫
　短冊に書いた感想を関係のある挿絵の下に貼り全体化する。すると、異なる感想が生まれる読み応えのある物語であることが分かり、挿絵が学習の区切りとしてみんなの力で読み進めたいと、学習計画を立てることとなる（第2〜6時の課題参照）。

第3章 「単元のまとまり」で描く授業モデル

 2時間目　本時の目標：物語の設定を確認し、始めの場面のスーホと白馬の様子を読み取ることができる。

本時の時数コントロールポイント

　スーホの人がらを想像するポイントは、スーホ自身の言動だけではなく、関係する人物の様子から、スーホがどう思われているのかを考えることからも読み取れる。また、場面の様子も、モンゴルの草原で日が落ちると真っ暗になることや、その闇の中に白馬の白さが目立つ暗さなどから、叙述を手がかりに具本的に想像することができる。

これでスムーズ！Minutesチャート

START	活動	ポイント
	・学習計画表をもとに、本時の学習範囲と学習課題を確認する（「スーホはどんな少年か、白馬の出会いの場面の様子から想像しよう」）。	・学習計画を確認することで、子供たちのゴール意識や学習意欲が高めることにつながる。 ・スーホの人物像を登場人物の様子、場面の様子から読み取ることに焦点を当てる。
5min	・教師の音読を聞く。	・前書き、物語の設定部分で音読を止める。
10min	・課題解決に向けて読み取った情報を、記述をもとに関係図に整理する。時、場所、登場人物の整理をする。 　日暮れ→暗闇に白馬がうかぶ暗さ。 　草原→街灯はなく、テントの明かりのみ。 　近くの羊飼いまで騒ぎ始める異常事態。 　白馬を助けたい一心で話すスーホの話。 　その後の世話と成長の様子。	・日暮れの様子、おばあさん・近くの羊飼いの様子、スーホの言葉、白馬のその後の世話から、いかにスーホが愛され、信頼され、命を大切にする少年であるかが分かる（スーホを中央にして関係図としてまとめる）。 ・まとめた記録は残して掲示（物語全体からの課題を解決するための情報となる）。
40min	・課題のまとめをする。	・全体に関わる課題の解決ができるか確認する。
END	・学習の見通しをもち、本時を整理する。	

●指導上の工夫
　物語の起承転結の起である。設定を押さえるためにも、「スーホはどんな少年か」という課題を中心に、物語の場面設定などを考えることも重要である。また、「全体に関わる課題」とは、「スーホはなぜ白馬のことをこんなにも大切にできるか」といった、複数の場面に根拠となる記述の関係するものである。

 3時間目　本時の目標：白馬がおおかみと命がけで戦っている姿から、スーホが白馬とどのように接してきたかを読み取ることができる。

本時の時数コントロールポイント

　白馬がおおかみと戦うほどである。スーホが動物として以上に兄弟として関わってきているなど、前の場面から変化していることに意識を向けさせたい。そうすることで、スーホと白馬の関わりについて想像が膨らみやすくなり、同じ時間でも解釈が深まっていく。また、根拠となる叙述を、前後の場面から関連付ける読み方を促すとよい。

これでスムーズ！Minutesチャート

START	活動	ポイント
	・本時の学習範囲と学習課題を確認する（「スーホと白馬はどう成長していったのか、白馬が羊をおおかみから守る場面から想像しよう」）。	・教室に掲示された学習計画表から本時の位置を確認する。
5min	・教師の音読を聞く。	・「はねおきる」と「おきる」はどう違うかと問い、動作化させ、行動を具体的に想像する。
10min	・スーホの言動と白馬の行動を挙げ、そこから二人の成長する関係を読み取り、記述をもとに整理する。 ・時系列にまとめる。 ・スーホが跳ね起きる前の様子も問う。 ・行動が整理できたら、根拠となる記述を挙げ、心情を交流。	・まず、事実を確認する。その後、その背景にある心情を発表し交流していく。 ・「月日はとぶようにすぎていきました。」から、今回のような事件が起きては、スーホと白馬の絆は深まっていることが読み取れる。 ・次の場面までに、何回かこのような出来事が起きている時間の長さを読み取らせる。
35min	・課題のまとめをする。	・自分の感想から課題が生まれた子を事前に確認しておき、本時がその課題解決の時間であったことを振り返らせる。
40min	・全体に関わる課題に関する記述をためる。	
END	・学習の見通しをもち本時を整理する。	

●指導上の工夫
　教師の音読を聞き事実の整理をし、根拠となる叙述を探して様子や行動を探る読み方を定着させておくと、学習がスムーズである。また、着目すべき複合語を音読中に確認し、短冊に書きため教室に掲示しておくことと、子供自身が気付くことができるようになる。

第3章 「単元のまとまり」で描く授業モデル

 4時間目

本時の目標：競馬の大会に出場したスーホの行動や様子を読み取ることができる。殿様、家来、村の友達などの人物とスーホとの関係を考えることができる。

本時の時数コントロールポイント

　分量的に長い範囲を扱うため、挿絵を使い教科書で確認しながら、スーホと白馬がどう行動したか押さえていく。そして、その経過を板書に残し、吹き出しを使い様子などを想像させていくと、スーホの行動や様子を具体的に想像することができる。また、登場人物が出そろったところで、別紙に関係図としてまとめて、いつでも確認できるように掲示しておく。

これでスムーズ！Minutesチャート

START	活　動	ポイント
5min	・本時の学習範囲と学習課題を確認する（白馬と一緒に競馬に出たスーホの行動や様子を想像しながら読もう」）。 ・教師の音読を聞く。	・教室に掲示された学習計画表から本時の位置を確認する。 ・前時から「ある年の春」に着目させ、時間の経過を押さえる。
10min	・スーホと白馬の行動を叙述とともに時系列に整理する。	・音読時に挿絵を黒板に貼っていき、時間短縮と場面整理を同時に行う。
15min	・場面ごとにスーホの様子を吹き出しにして想像を膨らませていく。	・上の板書に吹き出しで様子を書き加える。
30min	・殿様をはじめとする、スーホ以外の人物の様子や行動も整理していく。	・人物関係は、登場した場面の挿絵の下に整理する。人物像も補えるとなおよい。 ・挿絵の足りない部分は絵本からコピーする。
40min	・課題のまとめをする。	・黒板の整理を生かし、スーホの行動や様子についてまとめる。
END	・全体に関わる課題を確認し進度を確認する。	

●指導上の工夫
　単調になりがちな場面読みを楽しく進めるために、スーホの言動をテンポよく板書に時系列で整理する必要がある。上段に挿絵、中段に言動を記述し整理する。下段や空いているスペースに吹き出しでそのときの様子などを想像させ、整理する。他の人物も登場場面ではイラスト等を貼り、叙述を根拠に様子や行動が書きこめるとよい。

 **5時間目**

本時の目標：白馬が命をかけてスーホのところに戻ってきた場面の様子や、息を引き取る白馬を目の当たりにしたスーホの様子を読み取ることができる。

本時の時数コントロールポイント

　本時の学習範囲だけでは、命をかけて戻ってくる白馬の行動は想像しきれない。そのため、いままでの学習記録（板書を写真に写しておき、以前の学習の足跡を資料とできるようにしておく）を見渡し、本文をもう一度読み返し、スーホと白馬の関係が読み取れる叙述を探しだすことをさせる。こうすることで、単なる印象ではなく、叙述に根拠をもって読み進める力となる。

これでスムーズ！Minutes チャート

START	活動	ポイント
	・本時の学習範囲と学習課題を確認する（「白馬が、命がけでスーホのところに帰って来たのはどうしてか、考えよう」）。	・いままでの学習記録を掲示、または配布して、読み取れたスーホと白馬の関係性を見渡せるようにしておく。
5min	・教師の音読を聞く。 ・音読中に挿絵を貼りながら、スーホと白馬の行動を確認していく。	・「ころげおちる」「どなりちらす」など、複合語に立ち止まり、「おちる」「どなる」と様子の違いを具体的に想像する。
10min	・本時の課題に対する考えをノートにまとめる。	・記述を根拠に考え、本時の範囲外でもよいことを伝える。
20min	・意見を発表し、交流を進め、スーホや白馬の様子を吹き出しにまとめていく。	・一場面を例として学級全体で板書にまとめ、その後、個人でノートにまとめると、学級によってはスムーズ。 ・「〜だと思います。なぜなら、〜」という根拠を示す話形の発言を評価する。
40min	・課題に対するまとめをする。	・物語の前半部分の読みが、本時の場面の読みに関わっていることを強調すること。
END	・全体に関わる課題を確認し進度を確認する。	

●指導上の工夫

　「こころをこめてせわしたおかげで」「兄弟に言うように話しかけました」「白馬はどうしているだろうと、スーホは、そればかり考えていました」など、本時の学習場面以外からも、課題に対する根拠となる叙述は見付かる。学習記録を手がかりにそれらを探せるように、声をかけたい。また、「関連付けて読む」という力を意識化させたい。

第3章 「単元のまとまり」で描く授業モデル

本時の目標：スーホがどんな思いで馬頭琴を作り、また、どのような様子で馬頭琴を演奏するのかを、以前の場面と関連付けて想像を広げ読み取ることができる。

本時の時数コントロールポイント

　最後のスーホの言葉から白馬との思い出を振り返るとき、学習記録の特に吹き出しに書いたところをもとに、これまでの様子や行動を想像できるようにしたい。また、音読をするときに立ち止まりながら読み、必要ならば物語のはじめの部分に戻って、物語全体の構造を確認させたい。

これでスムーズ！Minutesチャート

START	活動	ポイント
	・本時の学習範囲と学習課題を確認する（「スーホは、どんな思いで馬頭琴を作り、演奏したのか、場面の様子から想像しよう」）。	・挿絵等、物語の全体が分かる掲示を用意し、学習の足取りを確認できるようにする。
5min	・教師の音読を聞く。	・はじめの「いったい、どうして、こういうがっきができたのでしょう」を振り返り、構造を確認する。
10min	・スーホのしたことを叙述から確認する。	・物語全体から根拠となる叙述を集めさせる。
15min	・課題に対する考えをノートにまとめる。	・机間指導では、根拠は全体に存在していることを知らせ、見付けている子を評価したり、馬頭琴を作っているときの様子を吹き出しで行動の横に板書したりして時間の短縮を図る。
25min	・まとめたことを発表し、交流する。	・演奏時の様子は、いままでの場面とつなげて、根拠を明らかにして整理する。
40min	・全体に関わる課題は、いままでの学習記録を振り返ると解決できそうだと見通しをもつ。	・（例）「馬頭琴ができたわけを知りたい」「白馬は幸せだったのか」など。
END	・未解決の課題を確認し、次時に期待をもつ。	・読みが深まってきたことを評価する声かけ。

●指導上の工夫
　白馬との思い出を整理するために挿絵や学習記録等を使い、振り返ることが必要であろう。その際、一場面につき一つの挿絵くらいで十分であるので、スーホの行動や様子を思い起こさせるとよい。さまざまな思いがこめられた馬頭琴の音色であることを、交流を通して感じさせたい。

# 7時間目

本時の目標：学習を振り返り、どのように読みが深まったのかを感想にまとめたり、どのような読み方が大切だったのかを確かめたりすることができる。

本時の時数コントロールポイント

　学級で立てた読み取りの学習課題を振り返り、場面ごとに解決しているものは再確認し、多岐にわたるためまだ解決できていないものを、学習記録などをもとに意見交流をしながら解決させたい。そうすることで、学級で読み進め、解釈の読み深まりを実感することができる。また、読み深められた理由についても振り返ることができると、次の本の紹介に生かすことができる。

これでスムーズ！Minutes チャート

START	活動	ポイント
	・物語のはじめから、学習を振り返る。	・個々の場面の学習で解決した内容を関連付けると未解決の課題が解決する場合もあるので、学習記録を掲示しておく。
10min	・場面ごとに解決した読みの課題を確認する。	
15min	・未解決の課題を確認し、考えをノートに書き交流する。 （例）「スーホと白馬はどんな関係であったか」 「白馬は幸せであったか」 「馬頭琴が生まれるに当たってどんな思いが込められたのか」	・考えの根拠を必ず聞くこと。 ・感じ方、考え方の対立点を明確にするのではなく、価値観の違いであることを伝える。 （例）「生きてスーホと生活したかった」 「馬頭琴となってそばにいるから大丈夫」は、白馬の死の捉え方の違いから生じる相違。
25min	・ノートを持って交流する。	・ノートに書かせて、書き上がった子から交換して読み合う。付箋紙に感想を書き貼る。
30min	・初発の感想を読みなおし、もう一度感想をまとめる。 ・想像を広げ読み深められた理由を振り返る。	（例）「段落冒頭の時間を示す言葉に注意した」 「人物関係に吹き出しを書いた」
END	・紹介したい本に思いを向ける。	・複合語ともとの語と比べ様子を想像する。

●指導上の工夫
　初発の感想から読みが深まったことを実感するには、差が必要である。たとえ同じ感想でも、複数の場面から根拠となる叙述を複数見付け、比較して感想をまとめることが必要である。

第3章 「単元のまとまり」で描く授業モデル

 8時間目

本時の目標:「スーホの白い馬」の学習を生かして、紹介したい本から、心に強く残ったところやおもしろかったところを探し、理由を明確にして紹介メモを作ることができる。

本時の時数コントロールポイント

「スーホの白い馬」で身に付けた読み方を掲示、あるいは、手引きとして参照できる環境を整えておくと、いままでの学習が生きている実感がわき、今後も活用していこうという気持ちになる。人物の行動を抜き出す、吹き出しで様子を想像する、時系列に並べる、人物の関係を読み取りながら整理する、場面どうしを比較する、などである。

これでスムーズ！Minutes チャート

	活動	ポイント
START	・学習課題を確認する(「おすすめの物語を紹介するために、メモを作ろう」)。 ・紹介したい本を手元に置く。	・紹介したい本を用意しておく。選べない子には、読書記録から事前にその子に応じたリストを渡し、選ばせておく。
5min	・紹介メモの書き方を知る。 ・「スーホの白い馬」での見本を聞く。	・学習履歴を振り返り、どんな話なのかを子供とともにまとめる。 ・見本は教師が事前に作り、文章量、構成が学べるように解説しながら、書き方を伝える。
15min	・紹介メモを作る。 題名　作者　出版社　ページ数 どんな話か1～2行でまとめる。 心に強く残ったところ(おもしろかった)。 その理由や感想 ・早く書けた子どうし、紹介し合う。	・書誌情報の漢字などは補助する。 ・登場人物を抜き出す。人物の行動に付箋紙を貼る。印象に残る場面や理由をまとめる。以上の項目はワークシートにしてもよい。 ・「スーホの白い馬」の学習を参考に読み返しながら（上述の時数コントロールポイント参照）、付箋紙を貼らせたり、書き抜いたりさせる。
END	・次時の発表の仕方の見通しをもつ。	・発表メモであり、原稿ではないことの確認。

●指導上の工夫

　見本で示す「スーホの白い馬」を紹介する場合のメモが、どの時間の学習を生かして作られたメモなのか考えさせてもよい。また、子供たちの集中力が続くならば、次時と連続して活動を進めると、個人差を調整しやすく、メモを作る時間を多く確保できる。なお、紹介する本が長い場合、メモを作るのが難しくなりがちなので気を付けたい。

 9時間目　本時の目標：紹介メモをもとに、心に強く残ったところやおもしろかったところを話したり、紹介を聞いて感想を伝えたりすることができる。

本時の時数コントロールポイント

　聞き合う活動で感想をやり取りするには、心に強く残ったところやおもしろかったところが想像できたか、また、その理由が分かったかというポイントを、事前に子供たちに示しておくことが必要である。また、グルーピングにも工夫が必要で、事前にどんな本を紹介するか把握し、似た傾向のある本を紹介する子供どうしでグループを組むとよいだろう。

これでスムーズ！Minutesチャート

START	活　動	ポイント
	・学習課題を確認する（「読書履歴の中から、おすすめの本を紹介し合い、感想を交流しよう」）。 ・紹介グループに分かれる。	・感想交流に向けて、聞き合うポイントや感想を交流するポイントを掲示する。または、カードにしてグループに渡す。 ・どんな本が集まったグループなのかを、グループの座席表等に明示する。
5min	・メモをもとに紹介を発表し合い、感想を交流する。 ・グループ3〜4人で行う。 ※一人当たりの時間を決めておく（最大5分）。	・まずは聞いた感想を伝えることからはじめスムーズに交流できるようにする。 ・「どうしてそう思ったのですか？」「他にも心に残った場面はありますか？」など、交流の止まっている班の横で一緒に聞くことで、子供の集中力を高め、時間を有効に使わせる。
40min	・席を戻し、学習感想を書く。	・「心に強く残ったところやおもしろかったところが伝わったかどうか」「読みたくなった本とその理由」など、学習感想の視点を事前に示すことで、適切な評価と効率化を図ることができる。
END	・紹介した本を教室に飾り、自由に読めるようにする。	

●指導上の工夫
　発表後、友達からの感想を聞いて、自分の紹介の内容を見返したり、追加したりできるとよい。「スーホの白い馬」で見返しや追加の例を示すと効果的である。

AND MORE... 見取りのポイントと今後へのアイデア

①子供の見取りのポイントについて

　「想像を広げた読み」を見取ることは難しい。しかし、本文中に根拠となる叙述が指摘でき、その解釈に納得がいく（妥当性がある）場合、想像が広がっていると評価してよいだろう。なんとなく印象からであったり、勝手な自分の経験と結び付けた想像であったりする場合は、本文の叙述に立ち返らせる習慣を付けることで、読みの力が高まるようになるだろう。

②今後の学習に生かす視点

　指導の効率化によって生まれた時間は、仲間と物語を読むことの楽しさを感じられる活動の時間に充てたい。具体的には、2年生で学習してきた物語教材を興味・関心別のグループに分け、読書座談会を行う。いままでの学習で、作品理解を共有しているため、場面の様子や登場人物の説明を省き、自分の好きな場面や感想の交流に直接入ることができる。学習した当時よりも根拠となる本文を的確に指摘し、より豊かな交流となるだろう。

　また、一度読んだ作品をもう一度読む経験は、新しい読書の体験にもつながり、生涯読書への一歩となるであろう。

COMMENT

　文学的な文章の授業では、登場人物の気持ちを考えさせることが大切だと思い込みやすい。しかし、低学年での指導事項は「場面の様子に着目して、登場人物の行動を具体的に想像すること」と示されている。気持ちを中心に読むのは、中学年以降である。

　低学年で時間があるからのんびり読むというのではなく、指導事項に基づき、毎時間どのような人物の行動を想像させるのか、目標を具体化することが効果的な指導にもつながる。また、そのためにも教材研究を通して、文章中のどのような語句や表現に着目させればよいのかを、明らかにしておくことが欠かせない。

（中村和弘）

光村図書3年下　配当の学習時数14時間

「ことわざについて調べよう」を
14時間➡11時間へ

「ことわざについて調べよう」 Before/After

Before

1時間目	2	3	4	5	6	7	8	9	10	11	12	13	14
見通しをもつ	ことわざの特徴を知り、特徴ごとに調べる		自分の集めたい特徴を決める	同じ特徴をもつことわざを集め、カードに記入する			報告書の構成を知る	自分の報告書の構成を考える	報告書にまとめる		報告書を読み合い、交流する		学習の振り返りを行う

After

1時間目	2	3	4	5	6	7	8	9	10	11
見通しをもつ	自分の気に入ったことわざを集める	集めたことわざを特徴ごとに分類し、友達を紹介し合う	友達と紹介し合ったことを参考に、自分の調べることわざの特徴を決める	決めた特徴からことわざを集める	集めたことわざの中から「これは使える！ことわざ」(仮)を決める	報告文の構成を知る	「これは使える！ことわざ」(仮)はがき新聞を書く		友達の作品を読み合い、交流する	学習の振り返りを行う

 本単元の時数スキルポイント

　本単元ではことわざを調べ、それを報告書ではなく「はがき新聞」という短い文章に書きまとめるという言語活動を設定した。それによって時数の効率化を図ることができる。また、ことわざを調べるだけでなく、身近な生活に生かす視点をもたせることで、子供の興味を深めることができる。

①単元の目標
・ことわざや故事成語の意味を知り、使うことができる。【知・技】
・調べて報告するという目的を意識し、集めたことわざを比較したり分類したりして、伝えたいことを明確にすることができる。【思・判・表】
・文章の構成を考え、書き表し方を工夫して、「はがき新聞」を書くことができる。【思・判・表】

②中心となる言語活動
　単元の前半では、ことわざや故事成語を集め、その中から報告を通して紹介したいものを選ぶ

11時間版 「ことわざについて調べよう」単元計画

第1次
第1時	ことわざへの興味を深めるとともに、学習の見通しをもつ
第2・3時	ことわざを集める（出典指導）
第4時	集めたことわざをことわざの特徴ごとに分類し、友達と交流する
第5・6時	報告することわざの特徴を決め、調べる
第7時	報告するために必要な内容（構成）を知る
第8・9時	はがき新聞を書き、読みやすく分かりやすい新聞になっているかどうか、推敲する
第10時	友達と新聞を読み合い、交流する
第11時	学習の振り返りを行う

 ## ストレッチタイム

　「はがき新聞」を作るに当たって、的確に言葉を選ぶ力や見出しを考える力を継続して育てておくとよい。また、出典に関する指導も学校図書館を活用するなどして、事前に行っておく。

　自分の思いを明確にしながら「書く」ことの指導を積み重ねておくことも大切である。各教科等での学習活動等に書く活動を取り入れ、書くことへの抵抗を低くしておくこともポイントである。そのためには、「書くことが楽しい」「ためになる」など、子供自身がその有用性を感じることが肝心である。この単元までに上のような学習を重ねておくことで、ことわざに関係する本の読書を行ったり、はがき新聞の書き方を学んだりすることにも、時間を使うことができる。

という、題材の収集や内容の検討に関する活動を行う。単元の後半では、それらを「はがき新聞」というやや短めの報告文として書きまとめ、共有し合う活動を行う。
③教材について
　報告する文章を書くので、題材は学校生活や身のまわりの出来事などでもよいが、国語科の内容と重なるものとすることで、効果的な指導を図った。また、「はがき新聞」という報告のスタイルは、他教科等での学習でも活用が期待される。

1時間目

本時の目標：知っていることわざを発表し合い、さまざまなことわざがあることに気付いたり、お気に入りのことわざを調べ、「はがき新聞」に書いて知らせる学習の流れを確認したりすることができる。

本時の時数コントロールポイント

　本時は学習の導入であり、子供たちの興味・関心をいかに引き出すかがポイントとなる。この学習に入る前に選書したことわざに関する図書資料を並べておいたり、学校生活の中のさまざまな場面でことわざを用いたりしながら子供たちと興味・関心を前もって高めておくことが大切である。

これでスムーズ！Minutesチャート

START	活動	ポイント
	・ことわざクイズをする。	・子供が興味をひくようなクイズを行う。
10min	・自分の知っていることわざを発表し合う。	・学習のまとめとして、「はがき新聞」を書くことを知り、どんな内容やレイアウトにするかを事前に考えさせておくことが大切である。
20min	・単元のめあてを知る。	
25min	・今後の学習の流れを知り、故事成語やことわざを集めることでどんな学びを深めるのか、自分のめあてを考える。 ・自分の立てためあてを発表しあう。	・学習の始まりには必ず自分なりの「めあて」をもつことを事前に指導していく。 ・友達の立てた「めあて」を参考にしながら、自分の学びを見つめる視点を育てておく。
35min	・今日の振り返りを行う。	・自分の思いや考えを書く習慣を付けておくこと。
END		

●指導上の工夫

　もっと「知りたい」「考えたい」「やってみたい」といかに思わせるかが、本時の授業のポイント。そのためにクイズ形式を用いて、楽しく導入することが大切である。また、単元導入時には自分の「めあて」をもち、学習終了後には振り返る習慣を日頃より付けておき、その力を生かすことを子供自身に感じさせることも重要である。

第3章　「単元のまとまり」で描く授業モデル

 2・3時間目

本時の目標：自分のお気に入りの故事成語ことわざを紹介し合うために、さまざまな故事成語やことわざを調べたり集めたりすることができる。

本時の時数コントロールポイント

　友達と紹介し合うために「知りたい」と思わせることがポイント。また、各自が知った故事成語やことわざの中から「紹介したい」言葉を「選ぶ」活動を取り入れていくことが重要。子供たちは知らず知らずのうちに、自分が紹介したいという「根拠」を明確に、得た情報から「取捨選択」することを学ぶ。この様な学習活動を繰り返すことにより、高学年での学習へのつながりがよりスムーズになっていく。

これでスムーズ！Minutesチャート

START	活動	ポイント
10min	・前時までの学習を振り返る。 ・本時のめあてを確認する。 ・多くの故事成語やことわざを集める重要性を知る。	・「はがき新聞」で友達と伝え合う活動であること、そのために多くの故事成語やことわざの中からより「紹介したい」言葉を選ぶことが大切であることを実感させる。
20min	・図書資料より気に入った故事成語やことわざを書き出す。	・本単元導入前より図書館司書と相談しながら、子供に適した図書資料を選書しておく。また、子供がいつでも手に取ることができるよう、環境にも配慮することが大切である。 ・気に入った故事成語やことわざを記入するカードには1枚につき、1つの言葉を記入させる。また、どの図書資料から調べたのか、出典を明らかにさせておく。
80min	・今日の活動の振り返りを行う。	・ここでたくさん個人の活動を保障し、探究する楽しさや言葉の関連性に気付かせる。
END		

●指導上の工夫

　今回の学習活動では、著作権の意識を高めたり、カード活用の仕方を学ばせたり、さまざまな活動がちりばめられている。これらの取組が今後どのようにつながっていくのか、そのよさを子供に実感させる指導を積み重ねていくことが指導者には求められる。また、日頃より学校図書館司書とコミュニケーションをとっておくことも重要である。

69

4時間目

本時の目標：自分たちの集めた故事成語やことわざを特徴別にまとめたり、分類の理由を伝え合ったりすることができる。

本時の時数コントロールポイント

集めた多くのことわざや故事成語の中から、根拠を明確に相手に伝えることが本単元の目標である。根拠を明確にするために特徴別に分類することを学ばせていく。共通の特徴を捉えておくと、交流の際、お互いの理解が深まることとなる。

これでスムーズ！Minutes チャート

START	活動	ポイント
10min	・前時の学習の振り返りをする。 ・本時のめあてを確認する。 ・集めた故事成語やことわざを特徴別に分ける。その際、学級で共通の特徴に分ける。	・自分の興味をもった、または集めた故事成語やことわざの特徴を知り、紹介するときに生かせるようにする。そのために教師例示を見せ、特徴に分けた方が紹介し合う際に相手が分かりやすくなることを実感させるとよい。
25min	・自分の集めた故事成語やことわざを特徴別に分ける	・共通の特徴から、自分の集めた故事成語やことわざを分類する。
35min	・なぜそのような特徴に分けたのか、ペアトークする。 ・今日の学習の振り返りを行う。	・根拠を明確に友達と交流し、お互いの考えを知る楽しさを実感する。また今後の学習活動の興味を深める。
40min END		・観点を明確にして話すとより伝わりやすいと実感させることで、分類するよさに気付かせる。

●指導上の工夫

　この時間では、根拠を明確に、故事成語やことわざを選ぶために特徴を「分類」することの重要性を学ばせることがポイント。そのために教師の例示では、紹介し合うために「なぜこれを選んだのか」を伝えることが大切である。また、日頃よりペアトークやグループトークなど、短時間で観点を明確に交流する活動を積み重ねておくと、学び合いが深まるだろう。

第3章 「単元のまとまり」で描く授業モデル

 5・6時間目　　本時の目標：自分が紹介したい特徴を決め、その特徴ごとに図書資料から故事成語やことわざを集めることができる。

本時の時数コントロールポイント

　本時では、ことわざの特徴に焦点を当てて調べ学習を行う。調べる際に、観点を絞ることで、①自分の考えが整理されること、②相手に伝える際に根拠を明確に伝えられることのよさが生まれる。そのよさにも気付かせたい。

これでスムーズ！Minutes チャート

	活動	ポイント
START 10min	・前時の振り返りを行う。 ・本時の学習のめあてを知る。	・紹介したいことわざの特徴を絞り、焦点化しながら情報を収集する学習活動をさせる。
20min	・自分の紹介したい故事成語やことわざの特徴を決め、その特徴に合わせて調べる。	・調べる特徴を明確にさせながら調べ学習に取り組む。特徴を絞ることが難しい子供に対しては、興味をもったさまざまな特徴を調べてもよいこととする。
80min	・今日の学習の振り返りを行う。 ・次回の学習を確認する。	・次回はいよいよ「はがき新聞」に書くために集めた中から選ぶ活動であることを知らせる。もし、まだ調べを進めたい子供は、次回までに調べを終えておく必要性がある。学習の見通しを伝えておくことで、自ら学びを進める姿勢を育むことができる。
END		

●指導上の工夫
　子供が観点を絞って調べる大切さを感じながら、取り組ませることが大切。そのためには、自分は「何を調べたいのか」課題を明確にさせたい。子供自身が課題を意識することが、次への学びにつながってくる。このような学習を通して、子供は根拠を明確に伝えるために大切なポイントとは何かを学び取るであろう。また、子供の思考が可視化されることで、指導者もどこでつまずいているのか等を把握でき、細やかに個に応じた指導を行うこともできる。

 7時間目　本時の目標：故事成語やことわざを紹介するための「はがき新聞」を書くために、構成（レイアウト）を考えたり、見出しを工夫したりすることができる。

本時の時数コントロールポイント

　この単元に入るまでに、「はがき新聞」の基本的な書き方を練習しておくとよい。練習の際には、「自己紹介新聞」などをテーマとすると短時間で学ぶことができる。

これでスムーズ！Minutesチャート

START	活動	ポイント
5min	・前時までの振り返りを行う。 ・本時の学習のめあてを確認する。	・いままでの児童作品や教師例示などを提示し、はがき新聞の特徴を再確認する。
10min	・自分の紹介したい故事成語やことわざを2つ選ぶ。 ・選んだ2つを友達に分かりやすく伝えるためには、どの順番でどんな説明（言葉）を加えたらよいかを考える。	・自分の考えを言語化させることで、書く内容を自己内で整理させる。
15min	・なぜそれを選んだのかをペアトークで交流し合う。その際に、「よさ」を見出しになりそうな言葉で伝える。またその人なりの選んだ「よさ」が伝わったかどうかを振り返りさせる。	・お互いの言葉や表現に敏感になることで「次はこうしたい」と次への表現を高めさせる。
25min	・友達のよいところ（分かりやすかった・伝わったところ）を発表させる。学級全体でどんな言葉を選ぶと相手に伝わりやすいかを共通認識する。	・自分の考えを相手に伝えることが苦手と思う子供にも、発表を通して「お手本」が見付かるようにする。
35min END	・再考したい場合は、再度選び直す。 ・見出しに最適な言葉を考える。	・紹介したい故事成語やことわざの特徴を捉える最適な言葉を考える。

●指導上の工夫
　「はがき新聞」を書き出す前に、なぜそれを選んだのか、自分の考えや思いを相手に伝える交流の時間をもつ。言葉にすることで思考が整理されたり、適切な言葉が自然に表現できたりすることに気付かせたい。そして、それらの言葉を見出しや内容に生かしていく。また、ペアで話すことのよさを積み重ねていきたい。

第3章 「単元のまとまり」で描く授業モデル

 8・9時間目　本時の目標：選んだ故事成語やことわざのよさがより伝わるように、レイアウトなどを工夫しながらはがき新聞を書くことができる。

本時の時数コントロールポイント

いよいよはがき新聞にまとめる時間である。新聞のレイアウトに慣れるため、複数のレイアウト例を用意しておく。レイアウト例を参考に、さまざまな構成を考えながら、最適なものを選ばせるとよいだろう。

これでスムーズ！Minutesチャート

START	活　動	ポイント
	・前時までの振り返りを行う。 ・本時の学習のめあてを確認する。	
10min	・レイアウト例を見ながら、自分に合ったレイアウトを選ぶ。	・教師例示を複数用意し、レイアウトを考えるときの参考にしたり苦手な子供の手助けになるようにする。
25min	・はがき新聞を書く。	・以前書いた「はがき新聞」を教室内に掲示しておき、参考にさせる。
70min	・お互いの作品を見合う。 ・見付けたよい点を全体で共有する。	・ICT機器等を活用して全体で共有すると次回の活動に活かすことができる。
85min	・今日の活動を振り返る。	・「もっと〜してみたい」と次への思いを記録させておくことで次への意欲を持続させる。
END		

●指導上の工夫

本単元では、「はがき新聞」を書いて、互いの調べたことを伝え合うことを目的としている。そのため、新聞では読み手により分かりやすく、正確な言葉や表現を用いることが大切である。レイアウト例を複数用意することで、指導の内容を焦点化する。本時にどのような力を付けるのかを、指導者が焦点化することが大切である。

10時間目

本時の目標：「はがき新聞」を交流し、書き方や内容等を読み合い、推敲することができる。

本時の時数コントロールポイント

　交流を行う際にペアトークが難しい場合は3人組などさまざまな方法がある。交流の活動は、各教科等の学習活動で経験を積み重ねておくとよい。また、推敲のルールを事前に子供と決めておくと、活動がスムーズに行うことができる。

これでスムーズ！Minutesチャート

START	活動	ポイント
	・前時までの学習を振り返る。 ・本時の学習のめあてを確認する。	・これまでの学びの足跡が分かる掲示物があると共通の振り返りができ、短時間で行うことができる。
15min	・「はがき新聞」をよりよいものにするための読み合う活動であることを知る。そのために交流の観点を確認する。 ○文末表記が統一されているか ○分かりやすく説明されているか ○見出しの言葉が読み手を意識しているか	・誰が読んでも分かりやすい内容になっているか、よいところを見付けさせる。 ・三観点程度にしぼっておくと、多岐にわたらずスムーズに活動ができる。
20min	・お互いの作品を読み合い、気付いたことを色別の付箋紙に書く。	・付箋紙にはキーワードのみを書かせることで、後の交流が活発になる（書く時間も短くなる）。
35min END	・友達のアドバイスを聞き、手直しを行ったり調べ足したりする。	・子供たちがお互いに学び合えるよう、聞き合うことで、他の意見のよさを感じさせる。

●指導上の工夫

　お互いに読み合う交流活動を行うことで、内容について新たな発見をしたり、よりよい書き方を学んだりすることができる。仲間の力を借りながら、学びが深められる実感を子供たちにもたせることが大切である。

第3章 「単元のまとまり」で描く授業モデル

本時の目標：友達の「はがき新聞」を読み、そのよさに気付いたり、今後の自分の活動に生かそうとすることができる。

本時の時数コントロールポイント

　大きめの付箋紙等を活用して一言相手に言葉を添えるなど、互いがよい所を伝え合う活動を工夫することで、学習に深まりがもてるだろう。こうした交流の活動をくりかえし行うことで、その「よさ」を気付かせることも大切である。

これでスムーズ！Minutes チャート

START	活　動	ポイント
	・前時までの学習の振り返りを行う。 ・本時の学習のめあてを確認する。	・前時の活動のめあてを再度確認し合う。
10min	・友達の「はがき新聞」を読み、よいところを交流し合う。	・交流の観点が上手に見付けられない子供にはカード形式のプリントを用意するなど、実態に応じて取り組ませる。 ・あくまでも「友達の作品のよさ」を見付けることが目的であるから、交流の方法などは事前に指導を行っておくとスムーズである。
30min	・交流してみて、気付いたことや思ったことなどを発表し合う。 ・今日学んだことがどんなことに生かせるのか、考えながら学習のまとめを行う。	・交流したよさに気付くことができるよう、自らの学びの振り返りを行う。 ・「次は○○したい」と新たな目標を書かせておくと、次の学習に生かすことができる。
END		

●指導上の工夫
　書き上がった「はがき新聞」を読み合う活動の意義を、子供たちが理解し、活動を進めることが大切である。そのために、はがき新聞を読んだり付箋紙などに一言を書いたりする活動に時間がかかる子供にも、配慮をすることが大切である。

75

AND MORE... 見取りのポイントと今後へのアイデア

①子供の見取りのポイントについて

　どの子がどれくらい理解しどの部分で難しさを感じているのか、見取ることが指導者に求められている。そのためには、まず教師が「ここでは、この力を付けたい！」と単元を通して育成する力を焦点化して、指導することが何よりも大切である。また、複雑な方法ではなく、子供の変容を見取ることができる活動を工夫することもポイントである。

②今後の学習に生かす視点

　みんなと一緒に学習する楽しさや喜びを味わわせる「交流」の時間を大切にしたい。自分と友達の意見の相違点を感じたり、新たな考え方を自己内に発見したりする活動を積み重ねることにより、自己評価を高めることができる。また、これらの活動を通して、友達が自分の考えを生かしてくれていることを知り、自己有用感も高めてくれるであろう。

　指導に関して、子供が付けた力を生かす場面を意図的に設定し、子供が学んだことを生かせたという実感が積み重ねられるよう、国語で学んだことを教科等横断的に扱うことが重要である。

COMMENT

　書くためには時間がかかる。だから、「書くこと」の単元の場合、どうしても時間数が多くなる。そこで、発想の転換が必要となる。

　長い文章を書かせれば、それだけ書くことの資質・能力が身に付くというものではない。短い文章でも、指導事項を押さえ、毎時間の目標を具体化することで、何をどのように書かせばよいのかがはっきりとしてくる。短い文章でも、育成を目指す資質・能力はしっかりと身に付いてくる。

　この単元では、報告書という長い文章ではなく、「はがき新聞」という比較的短い文章で書かせていることがポイントになっている。　　　　（中村和弘）

第3章 「単元のまとまり」で描く授業モデル

「言語活動の工夫」と
「目標の明確化」で

光村図書4年下　配当の学習時数14時間

「ごんぎつね」を
14時間➡11時間へ

「ごんぎつね」 Before/After

Before

After

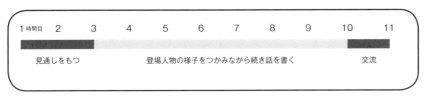

 本単元の時数コントロールポイント

　本単元で時数をまとめる上で最も工夫するポイントは、課題解決的に学習課題を設定して、言語活動の工夫を図ることである。そのためには、「続き話を書く」という言語活動を導入時に明確にする。続き話を書くためには、登場人物の会話や行動を表す叙述に着目しながら「ごんぎつね」を読む必要がある。指導事項を明確にしながら、意欲的に言語活動に取り組ませていく。

①単元の目標
・様子や行動、気持ちを表す語句の量を増やすことができる。【知・技】
・場面の移り変わりと関係付けながら、ごんの気持ちの変化や情景について、叙述をもとに具体的に想像しながら読むことができる。【思・判・表】
・物語の展開について感じたことを考えたことを共有し、一人一人の感じ方の違いに気付くことができる。【思・判・表】

77

11時間版 「ごんぎつね」単元計画

第1次
第1時　これまでの物語の読み方を振り返り、学習計画を立てる。
第2時　範読を聞き、初読の感想を発表し合い、学習の見通しをもつ

第2次
第3時　新美南吉作品の並行読書を始めながら、「ごん」と「兵十」について読む
第4時　「ごん」と「兵十」について話し合いたいテーマを決める
第5時　「ごんのいたずら」について、「ごん」と「兵十」の心のすれ違いを読む
第6時　「ごんの後悔と償い」について、「ごん」と「兵十」の心のすれ違いを読む
第7時　「月のいいばんのごん」について、「ごん」と「兵十」の心のすれ違いを読む
第8時　「ごんの最後」について、「ごん」と「兵十」の心のすれ違いを読む

第3次
第9時　「ごん」と兵十についての続き話を書く
第10時　書いた続き話について感想を交流する。
第11時　他の新美南吉作品についての感想をまとめ、学習全体を振り返る

ストレッチタイム

　時数をまとめるポイントは言語活動の最適化である。この単元で行う「続き話を書く」という言語活動をスムーズに行うためには、登場人物の会話や行動を表す表現に着目することが重要である。4年生では、この単元に至るまでに、「白いぼうし」や「一つの花」などで物語文の学習を行っている。これまでの学習を通して身に付けてきた登場人物について読む力を、本単元で生かしていきたい。

---

②中心となる言語活動
　ごんと兵十を中心とした物語の展開を会話や行動を表す叙述に着目しながら読み深め、場面の中心をつかんだり、考えたことを伝え合ったりすることを主な活動とする。叙述をもとに想像した読みを生かす形で、自分の感想を込めた続き話を書き、登場人物について理解させたい。
③教材について
　ごんの心の変化が場面を追うごとに移り変わる様が子供にも共感できる物語である。ごんのいたずらが引き起こした兵十への償いの様子、兵十の寂しさに共感するごんの思い、最後まで通い合うことなく終わってしまうごんと兵十の心のすれ違いを場面展開に沿って気付かせたい。

第3章 「単元のまとまり」で描く授業モデル

本時の目標：学習の見通しをもち、「白いぼうし」や「一つの花」で学習してきた「物語を読み、考えたことを話し合う」という学習に意欲をもつことができる。

本時の時数コントロールポイント

　この単元全体で付ける読む力を明確にする必要がある。そのために、まずは既習の「読むこと」の学習を想起させ、経験した言語活動を子供と共に振り返り共有することが重要である。そして指導事項を分割化し、この単元で押さえるべきことを提示する。子供が「続き話を書く」という目的意識をもって、学習計画が立てられるように支援する。

これでスムーズ！Minutes チャート

START	活動	ポイント
	・単元のめあてと本時のめあてを確認する。	・単元の導入として、これまでどのような「読むこと」の学習をしてきたのか、教材文などを挙げながら振り返らせる。 ・掲示には教材、分割して精選した指導事項、そして言語活動を併せておくとよい。
10min	・これまでの物語文の学習で、どのようなことを学んできたかのを確かめる。	・「白いぼうし」「一つの花」など、四年生になって「読むこと」で扱ってきた教材での学びを中心に、どんな言葉の力を付ける学びであるのかを子供と共に明確にし、共有させる。
20min	・「ごんぎつね」を読み、この単元の学習計画を立てる。	・最初の読みは教師が範読して進めていく。子供は意味をもっと知りたい語彙に着目しながら教材を読んでいく。 ・物語を支える語彙について理解を深めさせ、登場人物と場面について整理しておくと、次時以降の見通しをもたせることができる。

●指導上の工夫
　単元の導入で押さえることは相手意識、目的意識を明確にした言語活動を子供自身にイメージさせることと学習計画を立てさせることである。単元全体を教師だけでなく子供自身が見通しをもつことが、時数をまとめていく上での大事なポイントである。限られた時間の中で、子供自らが身に付ける力を明確にし、課題解決的に学習に取り組めるような「見える」授業の導入を心がけたい。

 2時間目　本時の目標：「ごんぎつね」を読んで、自分の感想を友達と発表し合いながら、学習の見通しをもつことができる。

本時の時数コントロールポイント

　前時で立てた学習計画を意識しながら、教材文との出合いを大切にしたい。「ごんぎつね」はいままで読んできた物語文に比べて分量も多い。そのため、毎時間何度も全文を読むことは難しい。本時では「続き話を書く」という目的のため、時代背景、場所、登場人物をつかませながら、一人読みで心ひかれる言葉に着目できるような時間を確保したい。

これでスムーズ！Minutesチャート

START	活動	ポイント
	・前時を振り返り、本時のめあてをつかむ。 「ごんぎつね」を読んで、自分が感じた最初の感想をもとう。	・前時に立てた学習計画を常に意識しながら取り組ませるように促す。 ・分割した指導事項、最適な言語活動を子供に明示し共通理解を図りながら、教材文を丸ごと読む学習を心がけたい。
5min	・教師の範読を聞く。 ・読み方の確認をする。	・教師の範読後、物語の背景をすぐに押さえておくと、教材文を理解する見通しを子供がもつことができる。
15min	・物語の設定をつかむ。 　時代背景 　場所 　登場人物	・物語の背景を押さえることは、既習の「白いぼうし」や「一つの花」で経験しておくと、より時間の短縮になるとともに、物語を読む際に行うことが習慣化していくよさがある。
20min	・語句や新出漢字を調べたりする。 ・各自で読みながら感想をまとめる。 ・感想をまとめる。	
35min	・感想を発表し合い、次時の学習の見通しをもつ。	・一人読みの際は、辞書を常備させ、自分で言葉に向き合う姿勢を身に付けさせる。 ・一人一人の感想の違いに気付かせたい。

●指導上の工夫

　初めて物語文を読む際に行うべき「物語の設定をつかむ」ことを子供自らが意欲的に取り組めるように指導していく。また、一人読みで語彙を広げ、自分なりの感想をもつことを既習の物語文で繰り返し行っておくことは重要である。感想をもつ際は、自分の感想に加えて、友達と話し合いたいことも明確にしておくと、次時以降の読みの課題を設定することにつながっていく。

第3章 「単元のまとまり」で描く授業モデル

 3時間目

本時の目標：新美南吉作品を並行読書しながら、「ごんぎつね」の表現との共通点をつかむことができる。「ごん」と「兵十」の心のすれ違いを読むためのテーマについて考えることができる。

本時の時数コントロールポイント

　単元の最後に新美南吉の他の作品について感想交流する時間を設定している。ここでは、「ごんぎつね」を読み深めていくためにも、南吉作品の他の作品を事前にそろえておき、単元と並行して読書を進めることが時間の短縮につながる。また、場面ごとに詳細に読まずに「ごんぎつね」を読むために、子供の意欲を促すようなテーマを話し合わせたい。

これでスムーズ！Minutes チャート

START	活動	ポイント
	・前時を振り返り、本時のめあてをつかむ。 「ごんぎつね」を読み深めるために、新美南吉作品の並行読書をし、話し合いたいテーマについて考えよう。 （新美南吉の作品） 「手ぶくろを買いに」「あかいろうそく」「おじいさんのランプ」「げたにばける」	・単元のゴールを意識しながら、目的意識をもって並行読書に取り組ませたい。 ・登場人物の着目させたり、「ごんぎつね」との共通点を見付けたりしながら、南吉の他の作品に多く触れさせたい。 ・学校図書館や地域の公立図書館と連携して事前に作品をそろえておくと、子供の意欲を喚起することにつながる。
20min	・「ごん」と「兵十」の心のすれ違いについてみんなで話し合いたいテーマを考える。 ※出来事や登場人物の行動や会話に注目。	・「ごん」と「兵十」を軸に子供が最も心ひかれる場面を選び、みんなで話し合いたいテーマについて考えさせたい。
35min	・「1」〜「6」までの場面を丸ごと読みながら、自分が考えたテーマを発表し、話し合う。	・自分が考えたテーマをそれぞれ発表させる。 ・その際に、場面ごとに整理して板書しておくと、子供の思考の整理につながる。
40min END	・本時を振り返る。	

●指導上の工夫

　並行読書をする時間をできるだけ毎時間設定しておく。ただし、子供一人一人の読む意欲が高まっていけば、家庭学習での読書も可能となる。話合いのテーマを設定することで、場面ごとに詳細に読む活動ではなく、テーマを通して教材文を何度も深く読むことにつながる。本時の目標を具体化したテーマについて話し合うことが、教材を丸ごと読むことにもつながるのである。

 **4時間目**　　本時の目標:「ごん」と「兵十」の心のすれ違いについて話し合うためのテーマを決め、続き話を書くという課題をつかむことができる。

本時の時数コントロールポイント

　前時までに子供一人一人が「ごんぎつね」を深く読むためのテーマについて考えている。「ごん」と「兵十」の心のすれ違いを読むことを軸にしながら、子供一人一人が考えたテーマを整理して、全体で読み深めるためのテーマを考えさせたい。このテーマを読みの視点にすることで、本時の目標が具体化し、子供にスムーズに見通しをもたせることにもつながる。

これでスムーズ！Minutesチャート

START	活動	ポイント
	・前時を振り返り、本時のめあてをつかむ。 「ごん」と「兵十」の心のすれ違いを読むためのテーマについて話し合って決めよう。	・ここで扱う指導事項を明確にしておくことで、教師がこの単元で子供に身に付けさせたい言葉の力もはっきりしてくる。 ・教師の付けさせたい力を子供が心ひかれる読みのテーマにのせて課題を設定することで、子供が読み深めたいと思う学習課題が成立することとなる。
5min	・自分が考えたテーマと友達が考えたテーマを比べながら、意見を発表する。	
20min	・場面ごとに整理しながら、読みの課題になるようなテーマをしぼる。 「ごんのいたずら」 「ごんの後悔とつぐない」 「月のいいばんのごん」 「ごんの死」	・子供の意見を整理する際、読ませたい場面を想定しながら板書しておくとよい。 ・場面は「1」〜「5」までは、「ごん」の視点で語られ、場面の「6」だけが「兵十」の視点で語られていることに触れておく。
40min END	・本時の振り返りをする。	・次時の読みの課題意識をもたせておく。

●指導上の工夫
　「ごんぎつね」を深く読みたいという初読の感想を生かすためにも、子供の意欲を十分生かすような読みの課題を設定したい。この課題を含んだテーマを設定することで、場面ごとに詳細に読まなくても何度も「ごんぎつね」を読むような学習活動の展開が期待される。「ごん」と「兵十」の心のすれ違いを軸にすることで、登場人物に着目した読みが可能となる。

第3章 「単元のまとまり」で描く授業モデル

 5時間目　本時の目標：「1」の場面を通して、「ごん」のいたずらについての「ごん」と「兵十」の会話や行動を表す表現に着目し、二人の心のすれ違いについて読むことができる。

本時の時数コントロールポイント

　子供たちは前時までに一人読みを中心に「ごんぎつね」を読んできた。本時からの4時間でテーマをもとに話し合いながら、「ごん」と「兵十」に着目した読みを展開する。前時までに子供と決めたテーマを中心に物語の読みを進めることで、主体的な読みになることが期待できる。テーマに沿って自分の考えを子供にもたせ、考えを共有させて進めていく。

これでスムーズ！Minutesチャート

START	活動	ポイント
	・本時のめあてを確認する。 「1」の場面を中心に「ごんのいたずら」について話し合いながら、「ごん」と「兵十」の関わりを読み深めよう。	・前時までに決めたテーマを学習課題として、物語を読み深めていく。 ・ここに至るまでに子供は何度も教材を読んできているので、学習課題についての課題意識は高いはずである。考えをまとめる時間を区切って進めることができる。
5min	・「1」の場面を音読する。	・音読しながら、学習課題につてに関係しそうな叙述については着目させ、叙述から想像を広げさせるように促す。
10min	・「ごん」の行動や会話に着目し、叙述から想像した自分の考えをまとめる。	・前時までに積み重ねてきた感想を中心にまとめさせることで、課題に沿った考えが深まることとなる。
20min	・「ごん」の行動から、「ごん」の思いについて意見を交換し、考えを共有する。	・ごんの行動や会話に着目させることで、子供が共有すべき部分は焦点化する。
40min	・本時の振り返りをする。	・次時の課題を併せてもたせたい。

●指導上の工夫
　「ごん」や「兵十」の行動や会話の表現に着目させる活動の際、何か所もサイドラインを引いてしまう子供がいる。読もうとする意欲を認めながら、あくまでも「ごん」や「兵十」の様子についての表現に絞って考えさせるとよい。また、そのサイドラインの部分から想像した自分の考えをまとめるように声をかけるのがよい。「1」の場面の学習で、こうした基礎的な活動の進め方の定着を図りたい。

 **6時間目**　本時の目標：「2・3」の場面を通して、「ごん」の後悔と償いについての「ごん」と「兵十」の会話や行動を表す表現に着目し、二人の心のすれ違いについて読むことができる。

本時の時数コントロールポイント

　本時では、前時までの読みを生かして、「ごん」の後悔と償いについて話し合いながら読み深めていく。「ごん」の後悔と償いについては、「ごんが兵十にしたこと」（行動）「そのときのごんの気持ち」（気持ち）を軸に整理していく。「ごん」の心内語、情景描写に着目させながら「ごん」の気持ちが後悔から償いに変わる様子をつかませていきたい。

これでスムーズ！Minutesチャート

START	活動	ポイント
	・本時のめあてを確認する。 「2・3」の場面を中心に「ごんのこうかいとつぐない」について話し合いながら、「ごん」と「兵十」の心のすれ違いを読み深めよう。	・めあてを意識させることで、中心となる「2・3」の場面の教材文が長くても、着目するべきことを明確にすることができる。 ・「兵十」に対する「ごん」の行動や会話の叙述を中心に読み進ませ、「ごん」の気持ちと行動がどう変化していくのかをつかませたい。
5min	・ごんの行動や会話などからごんへの気持ちを想像する。	・音読しながら、自分の考えの根拠になりそうな叙述を整理しておく。
10min	・ごんの気持ちの変化について、自分の考えを書く。	・叙述を根拠に自分の考えをまとめさせる。 ・二つの場面にまたがっているが、双方を比べながら、「ごん」の行動や会話の変化に気付かせていくと時間の短縮につながる。
25min	・「ごんの後悔とつぐない」から「兵十」が「ごん」のことをどう思っていたか話し合う。	・子供の発言を整理し、共有すべき内容が重ならないように黒板に整理させる。
40min	・本時の振り返りをする。	・次時の課題を併せて提示すると時間の短縮になる。

●指導上の工夫
　「1」の場面でうなぎを盗んだ「ごん」が、「2」の場面でそのいたずらを後悔し始める。そして、「3」の場面でつぐないを始める。「2」「3」は「ごん」の行動が大きく変わり、その背景には、「ごん」の大きな心情の変化がある。行動や会話の表現を手がかりに、こうした場面の展開に沿った気持ちの変化をしっかりと想像させたい。

第3章 「単元のまとまり」で描く授業モデル

 7時間目

本時の目標:「4・5」の場面を通して、「月のいいばんの兵十と加助の会話」についての「ごん」と「兵十」の会話や行動を表す表現に着目し、二人の心のすれ違いについて読むことができる。

本時の時数コントロールポイント

「4・5」では、「ごん」が「兵十」と「加助」の後を追いながら、会話に耳を傾けている様子が書かれている。お念仏に向かう「4」場面では、主に「兵十」が出来事を語り、その帰り道の「5」場面では、「加助」がその不思議な出来事は神様の仕業だと語っている。こうした会話を、「ごん」はどのようにしてどのような気持ちで聞いていたのか、叙述を基に考えさせる。

これでスムーズ！Minutes チャート

START	活動	ポイント
	・本時のめあてを確認する。 「4・5」の場面を中心に「月のいいばんのごん」について話し合いながら、「ごん」と「兵十」の心のすれ違いを読み深めよう。	・前時までの「ごん」について思い出させる。 ・単元の導入部分で登場人物についての整理はすでに済んでいるので、「加助」や場面については、既習を思い出しながら進めていくことが指導の効率化につながる。
5min	・「4・5」の場面を音読する。	・二つの場面をまとめて扱うため、学習課題を意識させながら読んでいくことを促す。
10min	・「ごん」の行動や会話から気持ちが分かる叙述にサイドラインを引き、自分の考えをまとめる。	・「ごん」と「兵十」に加えて「加助」が登場することで、「ごん」の気持ちが揺らいだり、とまどったりすることをつかませたい。
25min	・「月のいいばんのごん」から「兵十」が「ごん」のことをどう思っていたか話し合う。	・前時までの「ごん」の行動や会話を見直すことで、ここでの「ごん」の変化について子供とその考えを共有させたい。
40min	・本時の振り返りをする。	・次時の課題につながる発言を取り上げる。

●指導上の工夫
「じっとしていました」「小さくなって立ち止まりました」「兵十のかげぼうしをふみふみ行きました」という表現に着目すると、ごんの行動を具体的に想像することかできる。また、「つまらないな」「引き合わないなあ」という気持ちを表している表現を、別の言葉に言い換えるなどの活動を入れても効果的である。

85

8時間目

本時の目標：「6」の場面を通して、「ごんの死」についての「ごん」と「兵十」の会話や行動を表す表現に着目し、二人の心のすれ違いについて読むことができる。

本時の時数コントロールポイント

　物語のクライマックスであり、続き話を書く活動にもつながる大切な場面でもある。この場面では、途中から視点が「兵十」に変化していく。その点をしっかり押さえ、場面の最初、「兵十」は「ごん」のことをどう思っており、最後にどのようなことに気付いたのか、場面の中で変化する「兵十」の気持ちに焦点を当てて読みとらせたい。

これでスムーズ！Minutesチャート

START	活　動	ポイント
	・本時のめあてを確認する。 「6」の場面を中心に「ごんの最後」について話し合いながら、「ごん」と「兵十」の心のすれ違いを読み深めよう。	・前時までの3時間で読んできた「1」〜「5」までの場面を振り返ることで、教材文を読む時間の短縮ができる。 ・「ごん」の行動や会話に着目してきたことで、子供がつかんできた「ごん」の「兵十」に対する心の変化を想起させる。
5min	・「6」の場面を音読する。	・前時までの「ごん」と比べながら、「兵十」の視点で展開される話を押さえる。
10min	・「兵十」の行動や会話から気持ちが分かる叙述にサイドラインを引き、自分の考えをまとめる。	・前時までと違って、「兵十」の行動や会話に着目しながら、「ごん」の行動について読み深めさせていく。
25min	・「ごんの最後」から「兵十」が「ごん」のことをどう思っていたか話し合う。	・この場面は「兵十」の行動や会話が中心となるので、「ごん」の思いについての根拠は前時までの読みを生かすと時間の短縮にもなる。
40min	・本時の振り返りをする。	・前時までの学びを含め、感想をもたせる。

●指導上の工夫
　この場面のみが「兵十」の視点で書かれていることを、前時までの「ごん」の視点で書かれていることと比べながら読み深めさせたい。また、「ぐったりと目をつぶったまま」「ばたりと取り落としました」「青いけむり」「細く出ていました」などの描写が、どのようなことを表しているのかを考え合うとよい。このような表現や描写に着目させることが、次時の1時間で「続き話を書く」ために有効である。

第3章 「単元のまとまり」で描く授業モデル

9時間目

本時の目標：「ごん」と「兵十」の心のすれ違いについて読んできた自分の感想を生かしながら、物語の「続き話」を書くことができる。

本時の時数コントロールポイント

　本時は、「6」の場面の後の「続き話」を書く学習である。「兵十の観点からごんへの気持ちを書く」「兵十が加助に6場面の出来事を話す」など、設定を決めて書かせることが大切である。また、次時までの2時間で仕上げる見通しを子供にもたせながら、読み深めてきた情景描写などを想起させて書かせるとよい。

これでスムーズ！Minutesチャート

START	活 動	ポイント
	・本時のめあてを確認する。 「ごん」と「兵十」についていままで読んで考えてきたことを生かして、続き話を書こう。	・「ごん」と「兵十」を中心に物語が進んできたことを想起させながら、続き話を書くことを確かめさせる。 ・いままで読んで印象的だった場面を取り入れながら書くと、前時までの学びを生かした作品となり、新たに読む時間の短縮にもなる。
5min	・「ごん」の会話や行動の特徴や「兵十」と加助の会話の場面を中心に続き話を書く。	・続き話の構成には次のようなパターンが考えられる。 ○「ごん」の語りで気持ちと書く。 ○「兵十」の声かけで「ごんの」思いを書く。 ○「兵十」と「加助」の対話でまとめる。
35min	・書き終わったら読み返して、自分の書いた作品に「ごんぎつね」の特徴が関係しているかを比べながら読ませる。	・前時までのノートを読んだり、教材文に戻ったりしながら書き進めると、仕上げた後の見直しの時間の短縮にもつながる。
40min	・本時の振り返りをする。	・次時で仕上げる見通しをもたせる。

●指導上の工夫
　「続き話を書く」際に大事にしたいことは、作品の特徴に合う文章を書くように促すことである。そのためには、前時までの読みを積極的に生かして書かせたい。

10時間目

本時の目標:「続き話」を書き、友達と文章を読み合って、「ごん」と「兵十」の心のすれ違いについて書き方のよかったところを述べ合うことができる。

 本時の時数コントロールポイント

「続き話を書く」ことを導入から意欲付けしてきたことで、この時間でまとめるようにさせたい。そのために前時までに印象に残った場面や情景描写、「ごん」の会話や行動の叙述を想起させながらまとめていくといままでの読みを生かすだけでなく、長い時間をかけなくても作品の特徴を理解した「続き話」としてまとめることができる。

これでスムーズ！Minutes チャート

START	活 動	ポイント
	・本時のめあてを確認する。 前時までに書いた「ごんぎつね」の続き話読み直したり、友達に発表し合ったりしよう。	・書いた文章が作品の特徴に合っているかを考えさせる。 （作品のポイント） ○これまでの話の流れを受けて書いているか
5min	・自分で書いた「続き話」を作品の特徴を想起しながら読み直す。	○「兵十」らしさや「ごん」らしさが出るように書いているか ○学んだことを生かして表現を工夫して書いているか
20min	・友達が書いたものを読み合い、よかったところを伝え合う。	・ペアをつくり、作品を読み合い、感想を付箋紙などに書かせる。 ・上の三つの観点などから、友達の作品のよいところを伝えるように促す。
40min END	・本時の振り返りをする。	・作品の特徴について触れ、次時の南吉作品を読んでの感想交流に生かしていく。

●指導上の工夫

　子供が考えを共有する際、常に「ごんぎつね」の作品の特徴を生かした文章になっているかに着目させるようにしたい。情景描写は「1」〜「6」場面を参考にさせ、「ごん」と「兵十」の会話や行動を表す表現に着目した学びを生かすことがよい。次時で南吉の作品を語る際にもこの読みが大切である。

第3章 「単元のまとまり」で描く授業モデル

 **11時間目**　本時の目標：並行読書してきた新美南吉作品を読んで考えたことを交流し合い、一人一人の感じ方について違いのあることに気付くことができる。

本時の時数コントロールポイント

　並行読書してきた新美南吉の作品について友達と感想を共有させたい。全体で読んできた「ごんぎつね」の作品の特徴と比べながら、友達と南吉の作品を紹介し合いたい。単元全体を通して継続して並行読書しておけば、あらためて南吉の作品を読む時間や読んで感想を伝え合う時間は短縮でき、友達と感想を共有する時間を中心に活動を進めていくことができる。

これでスムーズ！Minutes チャート

START	活動	ポイント
	・本時のめあてを確認する。 新美南吉の他の作品を読んで、お話を紹介したり感想を伝えたりしよう。	・3時間目からすでに、教科書で紹介されているもの以外にも新美南吉の本があることを紹介して、子供が選べるようにしてある。
5min	・学習の流れを確認する。	・並行読書を行う際に、感想カードのようなものを用意して、読んだ作品について感想をまとめておくと時間は短縮される。
10min	・いままで並行読書してきた新美南吉の他の作品について感想をまとめたり、読み直しをしたりする。	・ここでは、いままで読んできた作品の中から感想を選んだり、読み直して感想を付け加えたりすることが中心になる。
20min	・感想を交流する。	・「ごんぎつね」と比べながら、紹介をしたり感想を伝えたりするとよいことを伝える。
40min	・単元全体を振り返り、まとめる。	・新美南吉作品を複数読むことにより、南吉作品の特徴をつかませたい。
END		

●指導上の工夫

　感想交流を行う際は、同じ作品を読んだ人どうしでペアやグループを組ませ、グループ内で交流させるようにする。子供が他の南吉作品に関心を示し、今後の読書の広がりにつなげるために、他の作品の内容を子供と共有できるような活動を取り入れる。また、単元全体の振り返りの際、「ごんぎつね」との共通点についての子供の気付きに触れ、南吉作品の特徴をまとめるとよい。

89

AND MORE... 見取りのポイントと今後へのアイデア

①子供の見取りのポイントについて

　今回の単元では、見通しをもって子供が物語を読む学習に取り組めるようにした。主体的で対話的な言語活動を通して、子供の読むことの力が育っているかを、毎時間の振り返りなどで見取っていくことがポイントとなる。また、学習課題を、教師の指導上のねらいとともに、子供の意欲を生かしたものになるよう工夫することで、必要感をもって深く読むことにつながっていた。「続き話を書く」という活動を導入から意識することで、情景描写や登場人物の会話の特徴をつかんだり、一人一人の読みの違いに気付いたりすることもできた。この完成した「続き話」には「ごんぎつね」に対する子供自身が読み深めてきた見方や考え方を捉えることができ、子供を見取る上で効果的である。

②今後の学習に生かす視点

　この単元で身に付けるべき指導事項を分割化することにより、子供が付けるべき読む力がより明確になり、言語活動も教材の特徴を生かして最適化されて提示することができた。指導の効率化によって生み出された3時間は、今後出合う「プラタナスの木」や「初雪のふる日」などの教材を扱う際に時間を増やしたい。「ごんぎつね」で学んだ経験を生かし、今度は子供自らが積極的に話し合って課題解決的な読みの設定ができるように促していく。

COMMENT

　この単元では、導入の1時間目に二つの工夫がされている。

　一つは、これまで学んできた読み方を確認していることである。既習事項を振り返りながら、どのような課題意識を働かせて授業を進めていくのか、子供たちの「学ぶ構え」をつくっている。もう一つは、「続き話を書く」という第3次の活動を、先に示していることである。子供たちはそれを念頭に置きながら、場面ごとの読みを深めていく。目的があることで、学ぶ意義が感じられ、意欲も高まっていく。

　効果的な指導に向けて、単元全体の時間数をコントロールするためにも、導入時のスタートダッシュはとても大切である。

（中村和弘）

第3章 「単元のまとまり」で描く授業モデル

> 「学習過程の工夫」と「目標の明確化」で

光村図書6年　配当の学習時数8時間

「学級討論会をしよう」を8時間➡6時間へ

「学級討論会をしよう」　Before/After

Before

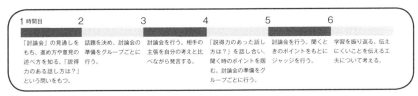

1時間目	2	3	4	5	6	7	8
「話す・聞く」活動を振り返り、討論会の見通しをもつ。	CDを聞き、討論会の進め方や意見の述べ方を理解する。	討論を聞くときに大切なことを確かめ、討論会の話題を決める。		討論会の準備をグループごとに行う。		討論会を行う。相手の主張を自分の考えと比べながら発言する。	伝えにくいことをどのように伝えるかについて考える。

After

1時間目	2	3	4	5	6
「討論会」の見通しをもち、進め方や意見の述べ方を知る。「説得力のある話し方は？」という問いをもつ。	話題を決め、討論会の準備をグループごとに行う。	討論会を行う。相手の主張を自分の考えと比べながら発言する。	「説得力のある話し方は？」を話し合い、聞く時のポイントを掴む。討論会の準備をグループごとに行う。	討論会を行う。聞くときのポイントをもとにジャッジを行う。	学習を振り返る。伝えにくいことを伝える工夫について考える。

 本単元の時数コントロールポイント

　討論会の話題に沿って、主張の仕方や質問の仕方を知り、知り得たことを実践することを目標にする。そのために「説得力のある話し方は？」という問いを単元のはじめに子供に提示する。1回目の討論会を経て得た「説得力のある話し方」を活用し、2回目に討論会も行う。話す側は「説得力のある話し方」という課題を意識するが、聞く側もジャッジするためにその点を意識することになる。

---

①単元の目標
・原因と結果など、説得力のある情報と情報の関係を理解することができる。【知・技】
・互いの立場や意図を明確にし、疑問点を整理して意見を述べたり質問したりして、計画的に討論することができる。【思・判・表】
・目的や意図に応じて話の内容を捉え、話し手の考えと比較しながら自分の考えをまとめることができる。【思・判・表】

91

6時間版　「学級討論会をしよう」単元計画

第1次
第1時　「討論会」の見通しをもち、進め方や意見の述べ方を知る。
　　　　「説得力のある話し方は？」という問いをもつ。

第2次
第2時　話題を決め、討論会の準備をグループごとに行う。
第3時　討論会を行う。相手の主張を自分の考えと比べながら発言する。
第4時　「説得力のあった話し方は？」を話し合い、聞くときのポイントをつかむ。
　　　　討論会の準備をグループごとに行う。
第5時　討論会を行う。聞くときのポイントをもとにジャッジを行う。

第3次
第6時　学習を振り返る。伝えにくいことを伝える工夫について考える。

 ## ストレッチタイム

　朝の短時間学習などの機会に、「AとB、どちらがよいか」というテーマでミニ討論会を積み重ねておくと、子供もイメージしやすくなる。楽しみながら討論会の形に慣れることが目的なので、否定側・肯定側は特に定めず、自分の意見を述べられるようにするとよい。

　また、国語の時間以外にも討論会の形式をとっておくことも効果的である。たとえば、社会科では、日本の米の生産量をグラフ化した資料を読み取り、「10年後、米の生産量は減っているか、増えているか」をテーマにすることもできる。

---

②中心となる言語活動
　討論会を行う。討論のスタイルにはさまざまあるが、本単元では、①主張②質問③結論という流れの反駁型ディベートを行うこととする。
③教材について
　討論会で扱う話題は、子供が「話し合いたい」という意欲のもてる内容を検討することが望ましい。話し合って決まったことが実生活でも生きると、「討論してよかった」と価値や意義を感じることになり、より効果的である。

第3章 「単元のまとまり」で描く授業モデル

 **1時間目**　本時の目標：「説得力のある話し方」ができるようになるという目的や、討論会の進め方、役割について知り、学習の見通しをもつことができる。

本時の時数コントロールポイント

「説得力のある話し方は？」という問いをもたせることで、その問いを追究していこうとする意欲を高める。自分たちの経験から説得力のある話し方を考えさせるとともに、ビデオや音声CDを活用し、説得力のある話し方の具体を増やせるようにする。

これでスムーズ！Minutesチャート

START	活　動	ポイント
	・「説得力のある話し方は？」と投げかけ、上手に意見を伝えられたときの経験などを共有する。	・今後の振り返りの観点にするとよい。模造紙に「経験」「繰り返す」「実物」と、キーワード化して書き、掲示物として活用する。
15min	・討論会の進め方を知る。（※時間は目安） 　①主張（肯定側）　1分 　②主張（否定側）　1分 　〈相談〉　1分 　③質疑応答（否定側→肯定側）　2分 　④質疑応答（肯定側→否定側）　2分 　〈相談〉　1分 　⑤最後の主張（肯定側）　1分 　⑥最後の主張（否定側）　1分 　⑦まとめ　2分	・ビデオや音声CDを活用し、討論会の流れが理解できるようにする。 ・流れが視覚的にも分かるように、プリントにまとめたものを配布したり、カードで黒板に貼ったりできるようにする。 ・「主張」と「理由」の順序等、大切な観点を予め示してから聞くようにする。
35min	・ビデオや音声CDから気付いたことを出し合い、説得力のある意見の述べ方について話し合う。	・ビデオや音声CDの台本を用意し、どの部分に説得力があったか探せるようにする。
40min END	・次時の見通しをもつ。	・討論会の話題について決めることを予告。

●指導上の工夫

討論会が、初めての経験である子供も多いかもしれない。その場合、まずは、「討論会」がどのようなものなのかについて伝える。「ある話題について、肯定側（賛成）と否定側（反対）に分かれて意見を伝えるもの」など、子供が理解しやすい言葉で伝えることが望ましい。また、進め方をつかめるように、「①主張（肯定側）」などをカードに書き、進め方に合わせて黒板に貼っていくようにするとよい。

93

 ## 2時間目

本時の目標：討論会で話し合いたい話題を決め、話題に対しての自分の考えをもつ。肯定側・否定側のグループに分かれ、討論会に向けての準備をすることができる。

本時の時数コントロールポイント

　討論会は2回行うので、ここでは、教師が話題を提示してもよい。もしくは、事前に討論会の話題を募集し、その中から学級で決めるようにしてもよい。討論会は、自らの思いと反対の立場になる場合もある。反対の立場だからこそ、どのような主張が出るのか予想することができるよさを伝え、前向きに取り組めるよう励ますことも必要である。

これでスムーズ！Minutes チャート

START	活動	ポイント
10min	・討論会の話題を決める。 ・話題について、肯定側・否定側の両方の観点から自分の意見をまとめる。	・教師が話題を提示する際には、子供が「話し合いたい」という意欲のもてる内容になるよう配慮する。もしくは予め募集する。
20min	・各話題について肯定側・否定側をグループごとに分ける。 ・グループに分かれて、討論会の準備をする。 ・自分たちのグループの主張を考えるとともに、相手のグループの主張を予想する。 ・予想した主張について、どのような質問ができるのか考える。	・ワークシートを用意し、子供が見通しをもって取り組めるようにする。 ・前時に学級で共有した「説得力のある話し方」をもとに討論会の準備を進めるよう声をかける。 ・予め伝えていた目安時間を再度確認させ、実際にストップウォッチで測りながら練習をさせる。
40min END	・次時の見通しをもつ。	・第1回目の討論会を行うことを予告。

●指導上の工夫とポイント
　グループごとの準備を机間指導し、前時の「説得力のある話し方」を生かしている場面を捉えてよさを認める。よさを認める際には、「経験が入っているから説得力があるね」や「繰り返し言っているのがいいね」「実物を見せながら話す工夫があるね」と、具体的に伝える。そうすることによって、子供も説得力のある話し方を自覚しながら取り入れられるようになる。

第3章 「単元のまとまり」で描く授業モデル

 **3時間目**

本時の目標：討論会の進め方に沿って、話し合うことができる。相手の主張を聞き、自分の考えと比べながら発言したり、意見をもったりすることができる。

本時の時数コントロールポイント

討論会を実際に行う時間である。初めてで円滑に進められないこともあるが、教師が手助けをし、子供たちに「討論会をしてよかった」という思いをもたせるようにする。司会者と司会の進め方について予め打ち合わせなどを行い、効率的かつ安心して進められるようにする。

これでスムーズ！Minutesチャート

START	活動	ポイント
	・討論会の進め方を確認する。	・1時間目に使用した討論会の流れを活用して確認する。
5min	・1回目の討論会を行う。 ・肯定側、否定側、司会の三つのグループが討論会を行う。 ・聞いている側は、思い付いたことや質問などをメモにとる。 ・「まとめ」の時間では、討論を聞いている側からの意見や感想を、メモをもとに伝える。 ・肯定側、否定側、司会の三つのグループは、討論会を行った感想やうまくいったところをまとめ、伝える。	・聞くグループには、自分だったらどのような質問をするか、どのように質問に答えるかを考えながら聞くよう伝える。 ・板書は教師が行い、前時までに出ている「説得力のある話し方」が出てきた場合には、色チョークで強調する。 ・討論会の様子をビデオで撮影し、次時の学習に活用する。
40min END	・次時の見通しをもつ。	・討論会を経て得た「説得力のある話し方」を話し合うことを予告。

●指導上の工夫とポイント

　子供は、役割が明確であると自ら動くことができる。司会グループの役割も司会（話し合いを進める）、副司会（指名する）、時間（時間を計る）など、はっきりさせる。人数が2名以上になる場合もあるが、必ず一人一人に役割をもたせるようにしたい。

 4時間目　本時の目標：「説得力のあった話し方」について話し合うことによって、聞くときのポイントや話すときに取り入れたいことをもつことができる。

本時の時数コントロールポイント

1回目の討論会を終えた後の時間である。どのような話し方が説得力があると感じたかを出し合い、学級として共有する。その共有したものが、第2回目の討論会の「どちらが説得力があったか」を決める観点になる。討論会の話題によっては、勝敗を付けるのが難しくなる場合もある。学級の実態に応じて工夫するようにする。

これでスムーズ！Minutesチャート

START	活動	ポイント
	・「説得力のある話し方」について、第1回の討論会の経験をもとに話し合う。	・これまで出ていた「説得力のある話し方」と重複していてもよい。 ・場合によっては討論会のビデオを流し、よさを再確認できるようにする。 ・新たに見付けた「説得力のある話し方」については、「数字を表す」など、キーワード化して掲示する。
30min	・各話題（2回目）について肯定側・否定側をグループごとに分ける。 ・グループに分かれて、討論会の準備をする。 ・自分たちのグループの主張を考えるとともに、相手のグループの主張を予想する。 ・予想した主張について、どのような質問ができるのか考える。	・ワークシートを用意し、子供が見通しをもって取り組めるようにする。 ・学級で共有した「説得力のある話し方」をもとに討論会の準備を進めるよう声をかけ、取り入れようとしている子供を価値付ける。 ・実際にストップウォッチで測りながら練習をさせる。
40min END	・次時の見通しをもつ。	・第2回目の討論会を行うことを予告。

●指導上の工夫とポイント

2時間目同様、学級で共有した「説得力のある話し方」を生かしている場面を捉え、具体的に伝える。また、グループによっては、学級で共有していない工夫を生み出す場合もある。その場合は、「どういう工夫があるの？」と問いかけ、工夫の意図を明確にできるようにする。

 5時間目　本時の目標：相手の主張を聞き、自分の考えと比べながら発言したり、意見をもったりすることができる。説得力のある話し方を見付けることができる。

本時の時数コントロールポイント

　２回目の討論会である。１回目との違いは、「どちらが説得力があったか」を聞く側が判断することである。判断の仕方は、10点を持ち点として、肯定側・否定側に分ける方法や、どのようなよさがあったか記述する方法が考えられる。聞いている側が判断したものを教師が集計し、後日伝えてもよい。

これでスムーズ！Minutes チャート

START	活動	ポイント
	・討論会の進め方を確認する。	
5min	・２回目の討論会を行う。 ・肯定側、否定側、司会の三つのグループが討論会を行う。 ・聞いている側は、思い付いたことや質問などをメモにとる。 ・「説得力があったのはどちらか」を考えながら聞く。 ・「まとめ」の時間では、討論を聞いている側からの意見や感想を、メモをもとに伝える。	・聞くグループには、自分だったらどのような質問をするか、どのように質問に答えるかを考えながら聞くよう伝える。 ・板書は教師が行い、前時までに出ている「説得力のある話し方」が出てきた場合には、色チョークで強調する。 ・討論会の様子をビデオで撮影し、次時の学習に活用する。
40min END	・次時の見通しをもつ。	・討論会の振り返りを行うことを予告。

●指導上の工夫とポイント
　子供が「どちらが説得力があったか」を判断する際に、これまで共有してきた「説得力のある話し方」のキーワードを生かすようにしたい。そのためには、「経験」「実物」「数字で表す」「繰り返す」などを予め印刷して手元に持てるようにし、討論会の中で出てきたら、印を付けられるようにする。

 # 6時間目

本時の目標：比べながら聞く、メモを取りながら聞くなど、よりよい討論の聞き方を理解することができる。よりよい主張のしかたを理解し、伝える工夫について考えることができる。

本時の時数コントロールポイント

　2回の討論会を終えての振り返りを行う時間である。「よくなった点」「うまくいかなかった点」の二つを軸に振り返りを行う。「話すとき」「聞くとき」と分けて意見を出したり、板書したりして、整理して捉えられるようにする。また、伝えにくいことを伝えなければならない状況を想定し、どのように伝えればよいのかを実際に試す中で理解できるようにする。

これでスムーズ！Minutesチャート

START	活動	ポイント
	・討論会を振り返る。	・「よくなった点」「うまくいかなかった点」をもとに振り返るよう声をかける。 ・グループごとに話し合わせ、その後に全体で共有することで話題の焦点化が図られる。
20min	・伝えにくいことを伝える工夫について考える。 ・どのように言えば自分の伝えたいことが相手に正しく伝わるか考える。 ・言われた相手はどう感じるか想像する。 ・「どのような表情や口調で言えば、伝えたいことが相手に受け止めてもらえるか」を考える。	・「自分だったらどう伝える？」と問いかけ、実際の場面を想定できるようにする。 ・絵カードを用意し、場面ごとの状況がイメージできるようにする。 ・場合によっては、教師が対応の仕方のパターンをいくつか見せ、どのように感じたかを子供に聞いてもよい。
40min END	・学習を振り返る。	

●指導上の工夫とポイント
　毎回の討論会で書いた振り返りや感想を見返しながら、「よくなった点」や「うまくいかなかった点」を挙げられるようにする。また、討論会の様子をビデオで撮影している場合には、その動画をみんなで確認し、どのような伝え方に説得力があるのか共有できるようにする。

AND MORE... 見取りのポイントと今後へのアイデア

①子供の見取りのポイントについて

　討論会準備の段階では、ワークシートの書き込みやグループごとの話合いの場面で見取ることができる。観点は、主張するための工夫を取り入れたかどうかである。討論会の段階でも同様の観点になる。加えて、疑問点を整理して意見を言ったり、質問したりしているかも見取る際の観点となる。聞いている側は、自分の意見と比べながら聞いているかを、メモや「まとめ」の発言で見取ることが可能である。

　このような「話すこと・聞くこと」の力は、「書くこと」の力を伸ばすことにもなる。意見文や報告文を書く際にも、今回の授業を想起して取り組むことで、より効果的に表現する力が伸びる。

②今後の学習に生かす視点

　この単元で身に付けた、主張するための工夫を実践する場を設けたい。日直のスピーチに「みんなを説得しよう」という話題を設定し、身に付いた力が発揮できるようにしたい。身に付いた力は、他教科等の授業でも発揮されることが考えられるので、発揮された場面を捉え、具体的に価値付けていくことで、子供がより意識し、力の定着にもつながる。

COMMENT

　入念に準備をしてから単元の最後に討論会を行うなどとするのではなく、半ばでまずは1回目をやってみる。実際にやってみることで、課題が見えてくる。それを改善して、2回目の討論会を行う。1回目と2回目を比べて、どんなところがよくなったかも見えてくる。

　本単元では、2回の討論会ができるように指導計画を工夫している。それによって、時間をかけて1回行う場合よりも、たくさんのことを子供たちは学ぶことができる。課題意識もはっきりしてくる。毎時間の目標を明確にし、単元の学習指導過程を工夫することで、1時間1時間の授業の質を向上させることができる。それが効果的な指導にもつながる。　　　（中村和弘）

光村図書6年　配当の学習時数6時間

「『鳥獣戯画』を読む」を 6時間➡5時間へ

「鳥獣戯画を読む」　Before/After

Before

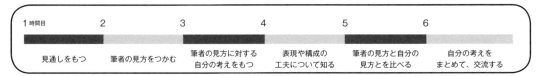

After

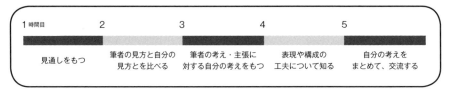

 本単元の時数コントロールポイント

　本単元では、絵と文章との関係を押さえながら文章を読んでいく力を身に付けさせたい。そこで、他者のものの見方と自分のものの見方との違いに気付きやすくするために、学習者どうしの交流を中心とした学習過程を設定する。他者はどのように捉えていて、自分はどう捉えているのか、交流を通じて自覚させていくようにする。

---

①単元の目標
・情報と情報の関係付けの仕方を理解することができる。【知・技】
・文章と絵とを結び付けて筆者の論の進め方を捉え、自分の考えをまとめることができる。【思・判・表】
・文章を読んでまとめた意見を共有し、自分の考えを広げることができる。【思・判・表】
②中心となる言語活動
　筆者の見方を自分がどう読み取っていて、友達はどう読み取っているのか、お互いにどこに注目しているのかをペアで話し合いながら気付いていく。文字には表れない想いを、話し言葉での

5時間版 「鳥獣戯画を読む」単元計画

第1次
第1時　挿絵を提示し、意見の交流をして、「絵を読む」とはどういうことか考える。

第2次
第2時　教材末尾「筆者のものの見方をとらえ、自分の考えをまとめよう」に示された観点に沿って文章と絵を対応させて読み、自分の読み方と比べる。
第3時　筆者の考え方や主張を読み取り、自分の考えをもつ。
第4時　本文の表現や構成の工夫点について考える。

第3次
第5時　教師の提示した鳥獣戯画の絵に対する自分の考えを200字程度でまとめ、交流し合う。

ストレッチタイム

　本単元に入る前に、図画工作や音楽などで行われる鑑賞活動の中に言語活動を日常から習慣的に組みこむことで、交流活動がスムーズに行える。作品や楽曲にふれたときの自分の想いを言葉として伝える経験を重ねていくことで、交流活動は実のあるものとなる。
　また、200字という字数設定で、しっかりと自分の考えを伝わるように文章をまとめる練習として、日頃からの日記指導の取組やミニ作文など、「書く」ことを日常化していくような指導も効果的である。

交流場面を設定することで確認し合うことをねらいとする。
③教材について
　アニメーターである高畑勲氏が、絵巻物「鳥獣戯画」について書いた随筆文である。読者に語りかけるような文体や、まるで実況中継をしているかのように躍動感あふれる文体を用いて書かれているところに特徴がある。また、文章と挿絵とが切り離されておらず、文章と挿絵とを往還しながら読めるように紙面が構成されているのも特徴の一つである。いわゆる非連続型テキストであるが、資料やデータを読み取るだけでなく、絵を見て自分がどう「読み」とったか、考えさせることをねらいとした教材になっている。

 本時の目標：絵を見て、何をしているところか、自分なりの解釈をもつことができる。友達との意見の交流を通して、視点の違いに気付くことができる。

本時の時数コントロールポイント

　第1時では、鳥獣戯画という絵巻物の特徴について理解させるとともに、単元の学習の見通しをもたせることを重視したい。絵巻物という媒体の特徴をここで子供に体感的に理解させておくことが、本教材の構成の特徴にまで子供の視点を広げることにつながるからである。

これでスムーズ！Minutesチャート

START	活動	ポイント
	・教科書にある1枚目の絵を見て、何をしているところか、自分なりの解釈を発表し合う。	・教科書にある1枚目の挿絵を切り出して拡大したものを掲示する。その際、説明は加えずにまずは感じたままに発言できるようにする。
10min	・「鳥獣戯画」についての解説を加え、絵巻物が時間経過を表すことのできる紙媒体である（一枚絵ではない）ことについて説明をする。	・絵巻物のイメージがつきにくい子供のために、簡易なものでよいので、巻物風のレプリカを作成して提示する。子供向けの絵本のコピーなどを貼り付けておき、徐々に右から左へと広げて見せると、視覚的な理解を促すことができる。
18min	・教科書の1段落目までを読み、自分たちの解釈と、筆者の解釈とを比べてみる。単元の学習課題を知り、その後の見通しをもつ。	
30min	・教師の範読を聞き、本時の学習の感想と、読んでみて疑問に思ったことやおもしろいと感じたことをまとめる。	・感想やコメントは、ノートに書かせて集約してもよいが、短冊やカードなどに書かせた方が、フィードバックさせやすい。
END		

●指導上の工夫
　単元の学習の見通しをもたせるため、手間をかけなくてもよいので、絵巻物のレプリカを作成して見せるとよい。30cmほどの棒に絵本などをコピーしたA3の紙を数枚貼り継いで巻き取ることで、簡易の絵巻物が作れる。

第 3 章 「単元のまとまり」で描く授業モデル

本時の目標：2枚目の絵を見て、どのような場面か読み取り、自分の言葉で文章にまとめることができる。教材末尾の「筆者のものの見方をとらえ、自分の考えをまとめよう」にて示された観点を活用して、筆者の見方を捉え、自分の見方と比べることができる。

本時の時数コントロールポイント

2時間目は、前時で行った「絵を読む」活動の復習から入る。ただし、この活動は、筆者の見方と自分の見方との差異に子供の目を向けさせるために行わせる。絵の見方は、個人個人で異なるものであってかまわないということを前提とする。ただし、何でもよいとするのではなく、筆者の鋭い視点のよさに言及することは忘れずに行いたい。

これでスムーズ！Minutes チャート

START	活動	ポイント
5min	・前時の復習として、振り返りを行う。 ・教科書にある2枚目の絵を見て、自分なりの解釈をもつ。	・絵からさまざまに想像を広げる楽しさや、注目するポイントなどを振り返る。 ・①注目する対象は何か？　②どのように描かれているか？　③絵から受けた印象は？などポイントを示す。
10min	・本文全体を音読する。	
23min	・教材末尾の「筆者のものの見方をとらえ、自分の考えをまとめよう」にて示された観点を活用して、2枚目の絵についての筆者の見方を捉えて、自分の見方と比べる。 　→どの部分を取り上げているか。 　→対象の何に着目しているか。 　→どのようなよさと捉えているか。	・筆者の見方を正解とするのではなく、自分の見方との違いに着目させる。 ・発言させたい子供や、独自性のある意見をもつ子供を机間指導の際にピックアップしておく。
38min	・気付いたことの発表。全体で共有して意見の交流をする。	
END		

●指導上の工夫
　教材文の後ろにあるいわゆる「手引き」のページは、学習を進めていく上で子供たちも目にするところであり、さまざまに参考になる。本時でも、自分の考えをまとめる活動の際に、手引きにある観点を活用している。観点が共有されていると、意見の交流も効果的に行える。

3時間目

本時の目標：本文に書かれている筆者の鳥獣戯画や絵巻物についての捉え方や評価について読み取り、それに対する自分の意見をもつことができる。

本時の時数コントロールポイント

　本文における筆者の主張の中心部分を捉え、それに対する自分なりの意見をもつことを目標とした1時間である。筆者が何を伝えようとしているのか読み取るところまでを共通の基盤として、各自の意見を幅広くもたせたい。交流場面で自分とは違う意見に出合った際に、1・2時間目において筆者とのものの見方の違いを考えたことを思い起こさせたい。

これでスムーズ！Minutesチャート

START	活動	ポイント
	・本文を各自で黙読する。その際に、「鳥獣戯画」や「絵巻物」について、筆者の考え方や評価が書かれているところにはサイドラインを引きながら読む。	・後で自分がまとめて考えるための目印とするように声かけする。 ・筆者の考え方には〈赤〉、評価には〈青〉と色分けさせる。
15min	・どの箇所にラインが引けたか、全体で確認する。	・詳細にではなく、引いた箇所があるか程度の押さえ方にとどめる。
25min	・筆者の「鳥獣戯画」や「絵巻物」についての考え方に対する自分の意見をまとめる。	・賛成、反対だけで終えるのではなく、本文の叙述を取り上げて、具体的に自分が考えたことをまとめさせる。
32min	・相手を見付けてペアになり、自分の意見を説明し合い、お互いに類似点や相違点について交流し合う。3回程度行えるようにする。	・類似点よりも、相違点をより大事にするよう指示する。
END		

●指導上の工夫

　本時では、いろいろな考えが行き交うように工夫している。たとえば、筆者の考え方について自分の意見はどうか、である。あるいは、ペアでの交流活動を通して、相手の考えを自分はどう考えるか、である。筆者の考え、交流の相手の考え、そして、自分の考え。多様な考えが出合うことで、さらに新しい考えも生まれてくる。

第3章 「単元のまとまり」で描く授業モデル

 本時の目標：教科書本文の表現の工夫、構成の工夫、紙面上の工夫について、そのよさや効果・意図について考えることができる。

本時の時数コントロールポイント

　6年生としては、本文の特徴的な書きぶりや文体を、いままでの学習経験から相対的に理解できるように指導したい。4時間目は、3時間目までの内容の読み取りを生かして、表現上の工夫に着目させる。内容を読んで考える活動に比べ、表現の効果や意図について考えることは、子供にとっても少し難しくなる。6年生として、これまでの学習経験とつなげながら、効果的に考えられるように指導したい。

これでスムーズ！Minutesチャート

START	活動	ポイント
	・本文の中で、自分の好きな表現、箇所を探す。	表現上の工夫 →実況中継のような語りになっている部分
8min	・本文の工夫されているところを探す。	→読者に語りかけるような文体や、一文を短く区切ることで話し言葉に近付けている工夫 紙面上の工夫 →つながっていた絵を分割して、あえて分かれて見えるように配置した工夫 構成上の工夫 →読者をひき付けるように、目を引くような箇所から文章を始めている工夫
18min	・自分が見付けた工夫を全体で発表し交流する。一つの意見から派生して新たな工夫を見付ける。	・深め広げる視点を教師からヒントとして提示する。
35min END	・本教材の特徴をまとめる。	・一般的な教科書の文章との比較をさせる。

●指導上の工夫
　本教材は、文章だけではなく、絵と併せて文章を読むことで初めて筆者の伝えたいことを理解できるという性質をもった教材である。絵巻物という媒体の性質を文章だけでなく、視覚的にも疑似体験することができるという紙面上の工夫に気付かせたい。既習の教材文を比較対象として用意しておき、子供の理解度に応じて提示していく。

105

 5時間目　本時の目標：学習した内容を生かして、鳥獣戯画の絵を自分なりに解釈し、その内容を200字程度の文章にまとめる。

本時の時数コントロールポイント

「それぞれがどういう気分を表現しているのか、今度は君たちが考える番だ」と筆者からの投げかけがあるが、ここでは教科書に出ていない鳥獣戯画の新しい場面を材料に考えさせる活動としている。こちらの方法の方が多様な読み取りが生まれやすい。また、子供が学習内容をどれだけ自分のものにできているのかを、教師が見取る機会とすることもでき、時間も効果的に使っていけるのである。

これでスムーズ！Minutesチャート

START	活動	ポイント
	・前時に各自が考えた本教材の特徴について、全体で意見交流を図る。	・出てきた意見を教師が板書で分類して整理する。
8min	・鳥獣戯画の教科書に出ていない場面の絵を三つ提示する。 →逃げる猿と追う捕り手の場面、弓試合の場面、法会の場面（いずれも甲巻より）	・絵に関する細かい説明は加えず、どの絵を選ぶか、子供の希望のみをとる。
13min	・絵を見て解釈し、200字程度の文章（ミニ鑑賞文）にまとめる。	・文章にまとめる際に、教科書の筆者の書きぶりを参考にしてもよいことを指示する。
38min	・文章が書き終わった子供から、読み合って交流する。	・書き終わった子供から、選んだ絵ごとに分類して、自分が選ばなかった絵について書かれたミニ鑑賞文を読ませていく。
END		

●指導上の工夫とポイント

前時までの交流する活動を通して、考えを形成する活動を行ってきた。本時では、新しい絵を題材として、これまで学んできたことを生かして、その絵についてどう考えるかを書かせる。その際、長い文章では書くのに時間かかってしまうので、200字程度で書かせるのがポイントである。

AND MORE... 見取りのポイントと今後へのアイデア

①子供の見取りのポイントについて

　本単元では、子供は自分が読み取ったこと、比較して考えたこと、あるいは絵から読み取ったことを、折にふれて書き言葉で表すことになる。書いたものは、授業後の形成評価として活用していくとともに、授業中に他の子供にも参考にさせたいような、子供の意見や気付きは積極的に紹介していくようにしたい。他者のものの見方や考え方にふれる機会を多くすることで、本教材の指導内容を達成していくためである。特に、筆者のものの見方や主張に対して、客観的な視点、あるいは俯瞰的な視点から捉えることができているものについては、授業中にその場で全体の共有を図っていきたい。

②今後の学習に生かす視点

　本単元では、交流を中心に置いて単元を組んでいる。交流には、子供どうしの交流だけでなく、文章を介しての筆者との交流も含めている。自分とは異なる視点を知ること、それをお互いに交流していくことで、相乗効果が生まれていくことを体験させたい。この経験は、その後の話合い学習や説明的文章の読みとりに効果を発揮することになるだろう。

COMMENT

　Before では、単元の最後の6時間目に、自分の考えをまとめて交流する活動が設定されている。After では、毎時間にわたって、自分の考えをもたせ、書いたり交流したりする活動を位置付けている。その結果、1時間分の指導の効率化が可能になっている。

　毎時間に位置付けるといっても、自分の考えをもたせたり交流したりする

には、ある程度の時間が必要となる。何について読んで考えるのか、どんなことを交流するのかなど、ねらいを明確にして活動を進めていくことが大切である。

　また、5時間目に教科書にない場面の絵を題材とすることも、子供の学習意欲を高めることにつながっている。

（中村和弘）

[編著者]
中村和弘　東京学芸大学准教授

愛知県生まれ。川崎市内の公立小学校教諭、東京学芸大学附属世田谷小学校教諭を経て、現職。専門は国語科教育学。中央教育審議会初等中等教育分科会教育課程部会国語ワーキンググループ委員、同言語能力の向上に関する特別チーム委員、文部科学省・学習指導要領等の改善に係る検討に必要な専門的作業等協力者（小学校国語）として、平成29年版の学習指導要領改訂に携わる。主な編著に、『資質・能力ベースの小学校国語科の授業と評価―「読むこと」の授業はどう変わるか―』（日本標準）、『見方・考え方　国語科編』（東洋館出版社）、『考える力を高める国語科の授業づくり―「主体的・対話的で深い学び」の実現に向けて―』（文溪堂）など。

[執筆者]　※執筆順

中村和弘	東京学芸大学准教授	p.1／pp.8-42／各実践へのコメント
秦美穂	西東京市立田無小学校主任教諭	pp.44-53
大塚健太郎	東京学芸大学附属小金井小学校教諭	pp.54-65
赤塚直子	浦安市教育委員会指導課指導主事（執筆当時）	pp.66-76
小山進治	横浜市立新吉田第二小学校副校長	pp.77-90
奥村千絵	横浜市立宮谷小学校教諭	pp.91-99
荻野聡	東京学芸大学附属竹早中学校教諭	pp.100-107

「単元のまとまり」で描く
国語授業づくり

2019（令和元）年8月9日　初版第1刷発行

編著者　中村和弘

発行者　錦織圭之介

発行所　株式会社　東洋館出版社
　　　　〒113-0021　東京都文京区本駒込5丁目16番7号
　　　　営業部　電話 03-3823-9206　FAX 03-3823-9208
　　　　編集部　電話 03-3823-9207　FAX 03-3823-9209
　　　　振　替　00180-7-96823
　　　　ＵＲＬ　http://www.toyokan.co.jp

装　幀　國枝達也

印刷・製本　藤原印刷株式会社

ISBN978-4-491-03562-8／Printed in Japan

JCOPY ＜（社）出版者著作権管理機構 委託出版物＞
本書の無断複写は著作権法上での例外を除き禁じられています。複写される場合は、そのつど事前に、
（社）出版者著作権管理機構（電話 03-5244-5088, FAX 03-5244-5089, e-mail: info@jcopy.or.jp）の許諾を得てください。